做成功的

班主任

修炼篇

张万祥——总编

冯婉迪　林志超——主编

长江出版传媒 ｜ 长江文艺出版社

图书在版编目（ＣＩＰ）数据

做成功的班主任·修炼篇 / 张万祥总编；冯婉迪，
林志超主编. -- 武汉：长江文艺出版社，2018.3
　　（大教育书系）
　　ISBN 978-7-5702-0027-6

　Ⅰ. ①做… Ⅱ. ①张… ②冯… ③林… Ⅲ. ①班主任
工作 Ⅳ. ①G451.6

　　中国版本图书馆 CIP 数据核字(2017)第 294645 号

责任编辑：秦文苑　　　　　　　　　责任校对：陈　琪
装帧设计：龙梅+小倪　　　　　　　责任印制：邱　莉　　王光兴

长江出版传媒　长江文艺出版社

出版：
地址：武汉市雄楚大街 268 号　　　　邮编：430070
发行：长江文艺出版社
电话：027—87679360
http://www.cjlap.com
印刷：武汉市首壹印务有限公司

开本：720 毫米×970 毫米　　　1/16　　印张：15.25　　插页：1 页
版次：2018 年 3 月第 1 版　　　　2018 年 3 月第 1 次印刷
字数：216 千字

定价：39.80 元

用大众立场看大家作品

——长江文艺出版社"大教育书系"序言

教育是世界上最特别最奇妙最千变万化的事情。

世界上任何变化，政治的、经济的、社会的、科技的……桩桩件件，都会发生蝴蝶效应，都会对教育产生这样那样的影响。所以，教育总在变化着。比如，计算机的出现，网络教学的流行，未来的课堂教学模式将发生根本的变革。当粉笔距离我们的讲台渐行渐远，未来的纸质书籍的阅读是否也会逐步让位于电子书籍？甚至，翻译机器可以完成基本的交流沟通时，语言教学是否也可能变得不再重要？这些已经发生的、即将发生的、可能发生的改变，让我们的明天变得不可预知。

同时，教育也是最坚韧最牢固最不会变化的事情。

万物改变迅捷，人性进化缓慢，教育因此万变不离其宗。所以，古今中外，人同此心，心同此理，人的身心发展的特点，人的学习与成长的过程，有着普遍规律可循。所以，无论我们读两千多年前的《论语》、《学记》，还是读近百年来的杜威、苏霍姆林斯基，总觉得是那么亲切，离我们今天的教育是那么近。所以，我们只需稍稍去芜取精，就能将其中的绝大部分原理再度运用于教育教学实践，就会发现这些原理依然生命常青。也正是这个原因，百年来中外教育家的杰出著作，仍然活在当下，仍然对我们的教育具有重要的作用。

长江文艺出版社的这套"大教育书系"，正是围绕后者而努力。

最初看到"大教育书系"的选题策划，是在年初的湖北长江出版集团的选题论证会上。坦率地说，当时的感觉不是很好。认为主题不够突出，选择人物看不出逻辑，选择标准不够清晰，而且大部分书是重新出版。

后来长江文艺出版社总编尹志勇来信告诉我，其实，"大教育书系"

有自己的主题和逻辑。之所以命名为"大教育",首先是选择教育家的范围之大。书系将遴选从近代到当代的中外教育名家的代表性著作或新作,梳理中外现代教育的发展轨迹,并展示近一个世纪以来的教育所取得的成果。其次是读者群体之大。书系针对不同的读者群,主要有三个方向:一是针对中小学老师的教师培训,阐述现代教育理念,解决教育实践中面临的具体问题,培养优秀教师。二是针对父母的家庭教育,用现代的教育观念和手段影响父母,使父母成为教育体系中的重要且有效的环节,培育青少年的健康成长与全面发展。三是针对中小学生以及学前儿童的学生教育,帮助学生提高学习效率,学会交往合作,学做现代公民。一句话,是用大众立场看大家作品。

至于选择的标准,他们提出了三条原则:一是作者具有足够影响力。所选作者应该是国内外被公认的教育名家,产生过广泛而深远的影响。比如陶行知、陈鹤琴、蒙台梭利等。二是突出实践性。所选作品能够深入浅出,具有可操作性,在作品风格方面,力求通俗化、大众化,做到理论与实践的有机统一。三是强调创新性。在遴选经典的同时,也推出当代在教育理论或实践方面有一定建树、观点新锐、富有探索精神且得到公众认可的作品。

所以,虽然我在作这序之时,尚无法看到书系的全貌,也无法估计书系的最终体量,但是能够感觉到出版方用心良苦,感受到他们的宏大愿景。大浪淘沙,那些真正能够不断被人们捧起的书籍,总是有其强大的生命力的,总能冲破时间与空间的束缚到达我们的手中,抵达我们的心中。倘若教师、父母、孩子三方真正缔结为教育的同盟军,那时教育势必突破困局,得以成长壮大,成为现实生活中的真正大教育了。祝贺大教育书系诞生,更期盼现实大教育的来临。

是为序。

朱永新

砥砺心灵的"修炼"

与年轻班主任交往，是我的乐趣，让我始终保持年轻心态，也让我能一直被称呼为"青春老人"。与我交往的大多是一些崭露头角的年轻人，其中也不乏全国知名班主任、德育专家，他们对教育有抱负、有憧憬、有追求，给人满满的正能量。

其实，他们跟大多数普通的班主任一样，只是他们在默默无闻时，多了一份"百舸争流千帆竞"的勇气，多了一份"咬定青山不放松"的坚持，多了一份诚心的自我"修炼"。他们的"修炼"史，是一个个为教育鞠躬尽瘁的动人故事，是一幅幅为学生无私付出的美丽画卷，更是一首首可歌可泣的感人诗篇。

《做成功的班主任·修炼篇》收集了50个这样的故事，品读这50篇文稿，深入他们的心灵世界，感怀于他们的无私，敬佩于他们师德的高尚。他们以自己的青春谱写着辉煌的教育诗篇，以自己的忠诚和执著维系着绵长的文化繁衍，以自己的希冀和神往描绘着斑斓的成长手记，以自己的理念和憧憬铸造着坚强的未来云梯……

何其胜景，何其美丽，这一份份砥砺心灵的"修炼"，为学生，为自己，更为教育。

教育，是走进学生心灵的艺术，是造就心灵的丰美。如，郭玉良担任班主任二十多年，一直在不断研究学生，不断探寻学生心理规律，不断改进教育方法，一步步走进学生心灵，学生来信说："您当年不仅走进了我的心灵，更走进了我父母的心灵，您的教育改变了我们全家的命运。"张爱敏在《造就心灵的丰美草原》写道："我深深地知道，创新方法不仅仅是管理的一种手段，更重要的是善于走进学生的心灵，师生肝胆相照，才能抵达成功的彼岸。我试图，造就心灵的丰美草原。以静待花开的心态去经营班级，让学生有着不同凡响的经历，让犯错误的心灵满怀愧疚，让他们的生活和世界焕发奇异的光彩，让我们的教育生活有滋有味。"

教育，是甘于奉献的高尚品质，是静心的修炼，是让自己的精神更加富有。覃丽兰《我让自己精神富有》一文中写道："每天早上 6 点半起床，忙碌的一天就此开始，一直忙碌到下了晚自习，家、学校、菜市场，三点一线的生活日复一日年复一年，每一天都像风一样奔跑，每一天都如陀螺般快速旋转，当别人惊讶于，这么忙，工资却很少时，我笑笑，工资不高，但是我们也可以活得幸福，我的幸福不在物质的多少，而在精神的厚薄。"李晶在《一个八零后班主任的幸福成长之旅》写道："十年来，跌跌撞撞磕磕碰碰，毕业的学生说，她还深深记得我在班门口穿着黄色的连衣裙微笑着迎接他们，如果说这是场旅行，对于周围的风景，我的心越来越成熟，越来越释然，我看淡了一次次评比、一个个荣誉，与学生的成长相比这些都会黯然失色，时间流过，转眼走过了青涩的年华，我心中满是感恩，我感谢生命中遇到的所有人，他们或鼓励了我，或磨砺了我，让我这朵野百合在班主任工作的路上开得灿烂。"

教育，是心态调整后的浴火重生，是"修炼"到心境平和的惬意漫步。刘振远在《从"栽跟头"到"锦囊妙计"》一文中说，当年那个"跟头"，今天看起来也许根本就不该"栽"，激情没有错，但支撑激情的应该是严细的管理和最佳的教育方式，好在年轻"没有失败"，关键是跌倒后能爬起来，没有等出来的精彩，只有干出来的辉煌。郑光启在《教育，就是牵一只蜗牛去散步》一文中写道："我现在放慢脚步，没有催，没有唬，没有责备，陪着"蜗牛"一起散步，这只特殊的"蜗牛"慢慢地靠近我，展示了它率真而又独特的一面。教育，是慢的艺术，就是牵着一只蜗牛去散步。别着急！慢慢来，就会有别样风景。而我的心境，也慢慢地平静，延伸，成长。"

教育，是不离不弃的勇往直前，是坚毅"修炼"的成长之路。杨春林在《因为执念，我突破了自己》一文中写道："班主任被罢免事件之后，我更坚定了要当班主任的决心，我暗暗告诫自己：哪里跌倒就从哪里爬起来。当然，更是因为最初的志向和梦想。"陈振峰面对一位学生对自己喊："老师，你干嘛不当班主任啊？"他写道："我很心酸，不是我不当，我非常想，可是……于是，我费用自理，全程参与；争取培训，用尽洪荒；创造条件，积极取经；携带装备，用心感悟。功夫不负有心人，之后的五年，我获得很多荣誉，不断体验到职业所带来的快乐与幸福，同时也收获了属于自己内心的一份宁静。"

品味不凡的教育生活，才能走出不凡的教育之路，创造属于自己的不凡人生。对于人的生命而言，要存活，只要一碗饭，一杯水就可以了。但是要想活得精彩，就必须"修炼"自我，让精神富有，去拥有远大的理想和坚定的信念。

砥砺心灵的"修炼"，熔铸的是理想，燃烧的是激情；璀璨的是哲理，培育的是雄心；激发的是烈火，喷薄的是青春；沸腾的是诗意，震撼的是心灵；凝聚的是智慧，腾飞的是生命；荟萃的是英才，涌动的是爱心；收获的是享受，领悟的是使命；创造的是奇迹，点燃的是火种。使贫困的人变成富翁，使处在黑暗中的人看见光明，使身陷绝境的人看到希望，使梦想变成现实。

我们班主任要砥砺美好的心灵，修炼自我，用心血和青春培育中华民族的明天。

（张万祥　德育特级教师）

目　录

当遇到教育上的问题时,有的班主任善于反思,善于发现,善于改变。他们在研究学生、研究教育中,获得令人心动的成长,并持续不断地辐射自己的正能量!

第二辑　奋进·逆袭 ························ （047）

　　有的人，中途就被撤下班主任职务；有的人，被学生赶下讲台；有的人，连学生都教育不了。但他们没有气馁，怀着"不服输"的心态，奋起、调整、前行，走出困境，走向精彩！

第三辑 心境·情怀 ····························· (091)

有的老师觉得当班主任就是一种幸福,对教育有独特情怀,在教育的路上行走充满愉悦感,他们收获着学生成长的快乐,把教育变成一种超脱的、精神层面的快乐!

第四辑　独特·思维 ………………………… （139）

　　有的班主任思维独特,善于用有创意的各种活动和教育方式来启迪学生;有的班主任心怀学生,善于从学生的角度看待问题。他们收获学生的爱,更收获教育成长的幸福。

第五辑　遇见·改变 ····························（187）

　　有的人在教育路上走得很迷茫,有的人亟待冲破成长迷雾。幸运的是,他们遇见了,遇见了启迪他们走出迷途的"真知",获得感悟,一路追寻,走向教育的深意处。

第一辑　研究·成长

当遇到教育上的问题时，有的班主任善于反思，善于发现，善于改变。他们在研究学生、研究教育中，获得令人心动的成长，并持续不断地辐射自己的正能量！

走进心灵，在学生心田里成长

郭玉良

师范大学毕业以后，我并没有选择去学校，而是背着行囊走向了大西北，选择了当边关记者，但由于身体原因，我最终还是回到家乡来到了一所农村高中——岳阳县第六中学。学校领导要我担任高一（21）班班主任，这是一个让老师们头痛、学校领导担忧、后勤人员害怕的班级。学生上课打架顶撞老师，下课找食堂工友麻烦，深夜翻墙偷吃菜农瓜果。

前任班主任被他们弄得要下海经商连老师都不想当了，我接手的时候正值新年元旦，这个班的教室门口贴出了对联：上联是"此中自有千里马"，下联是"世上而无伯乐人"，横批"藏龙卧虎"。我一了解，发现这个班有一个学生名字里有一个"龙"字，这个孩子喜欢唐诗宋词，谈起"水浒""三国"滔滔不绝，同学尊他"龙吟兄"。这个班里还有一个学生名字里有一个"虎"字，因为爷爷习武，这孩子舞拳弄棍有几手，出手还能把校外流氓打翻在地，班里同学称其"虎啸哥"。我想我找到突破口了，这两个学生是班里的两面旗帜，我把他们从正面树起来，定会产生"蝴蝶效应"，形成一股积极向上的潮流。

于是我在班里创建"谈古说今论坛"，让"龙吟兄"当坛主，每周一次。我自己也参与其中，把我大学的文学书籍搬到教室来，号召全班同学每人贡献一本书，成立"班级图书角"。我还每月到县城新华书店一趟，自费买来文学名著和《今古传奇》等书，更新图书角的书籍，我和学生一起读名著、说故事。我还在班里创建了"武坛"和"舞坛"，让"虎啸哥"当坛主，男同学傍晚打拳练武，女同学学跳集体舞，我也跟她们一起跳，学生非常活跃，他们跟我牵手搭肩，师生关系空前融洽。

正当我欣欣然以为学生从此不会惹事儿的时候，事儿来了。一天晚上，我班八个男生为了看《新龙门客栈》这部武打电影，晚自习时偷偷溜走，到就寝熄灯还没回来。我打听到离学校七公里的村里办喜事在放电影，我想他们肯定在那里。我不敢告诉校长，因为学校领导对我这种迎合学生的做法颇有异议。我一个人拿着手电筒，晚上十一点多去寻找学生，走在漆黑的旷野中，我感到了孤独和害怕，一路走一路伤心流泪。当我快筋疲力尽时，远处响起了鬼哭狼嚎般的歌声"我就像那冬天里的一把火，燃烧了整个沙漠……"他们边唱边雄赳赳、气昂昂地向我这边走来。我把手电光打到最亮，耀眼的光线照着他们几个，身材单瘦的我突然出现在他们面前，这几个男孩呆立在那里，歌声戛然而止。我关掉了手电光，师生几个相对站立在漆黑寂静的夜幕里，一分钟、两分钟……将近二十分钟，我没有说一句话。一个男生想来拉我的手，我推开了，转身往回走，我静静地走在前面，他们默默地跟在后面，只听得到脚步声和呼吸声。走到宿舍门口，已经是深夜两点了，他们站在门口，低着头不肯进寝室。我仍然没有说一句话，深深地看了他们一眼，走了。

第二天，我没有去参与学生活动，上了一节课之后，我把自己关在房里，我困惑极了，我该怎么带好这些孩子呢？傍晚，那八个男生手里拿着一大把野花，齐刷刷地站到了我的房门口，我让他们进了门，默默坐了几分钟，我问他们：你们不想跟我说点什么吗？有一个男孩说出了他的心里话，他说："以前我们没有老师指导就知道疯玩、闹事，现在有你安排我们课外活动，我们就按你的安排来玩，不知怎么搞的，热闹过后，我们还是觉得空虚无聊。"

学生走后，我陷入了深思。我为学生安排的一系列活动固然很好，但我也是自以为是的以自己的想法去体会学生的心思。班主任要了解学生，使自己的工作事半功倍，首先就要知道学生的心理需要。在以后的班主任工作中，我不断创新工作方法，如每学期开学，我利用问卷调查、班会"畅所欲言"和个别座谈及家访等形式，全面了解学生成长的背景、个性特点、兴趣爱好、心理需要、理想追求等。然后根据学生的发展需要组织小组活动，如开展演讲比赛和说故事等形式锻炼学生的口头表达能力；开展社会实践、帮助困难学生和孤寡老人的活动来锻炼学生的实践能力和社会适应能力；与外班进行友谊班级活动提升学生交际能力；结合学生的思维能力与任课老师一起研究方法提升学生的学习能力；开展"人生规划"活动提升学生的人生观、价值观等。学生不同个体、不同发展阶段，教育活动因时而变，大大提升了教育效果。

担任班主任二十多年，我一直在不断研究学生，不断探寻学生心理规律，不断创新教育方法。教育没有旧的经验，只有不断创新，因为我们的教育对象是永远在变化着的灵动的人。

著名的教育家苏霍姆林斯基曾谆谆告诫教育者："请记住，教育——首先是关怀备至地、深思熟虑地、小心翼翼地去触及年轻的心灵。"

有一个姓李的学生，憨厚老实，在随笔中写道：我干什么都不行，我不知道我的未来在哪里。我感到这孩子有自卑心理，就常带着他在校园散步、交心，告诉他希望是自己走出来的。放假我带他爬山，登上山顶高呼："我上来了！我比山高！"我推荐他当团干部，训练他演讲，他的自信心增强了。三年后，他考上了军事学院，后来读研究生、读博士，现在中国人民解放军总后勤部任重要职务。他来信说："是您将我从低谷中拉出来，让我找到了人生的方向；是您激励我在平凡中不断进取，让我成长为对国家有用的人。"

通过与学生的心灵交流，我发现学生很多问题来源于家庭，于是我很注重与家长沟通，力求走进家长心扉。我班有一个叫林琳的女生，内向、孤僻，从不主动与人打交道，我曾经多次找她谈话，她都不愿意提到家庭情况。有一次开家长会，我作了题为《要让孩子好好学习，家长须要天天向上》的辅导讲座，当晚有一位家长来找我，他说他是林琳的爸爸，不是来谈女儿的，是谈自己的。他说他是八十年代的高中生，大学没考上，家里条件不好，只好以蹬三轮车度日。他觉得自己很无能、很没面子，白天躲在家里，晚上才出来拉车，挣不了几个钱。这位家长说："我听了您的讲课，知道我的心理有问题，但就是冲破不了心理障碍。"我明白他的孩子为什么孤僻，不敢与人交往了，父亲对她的影响太大了。我告诉家长："人要正视现实，蹬三轮车是凭劳动赚钱，没什么见不得人的。"为了让他克服心理障碍，我每次出门办事都打电话叫他的车，坐在车上与他谈笑风生。这位家长终于能在白天抬起头蹬三轮车了，后来还承租了出租车。他的女儿林琳从父亲身上看到了信心和力量，通过努力考上了长沙大学，现在长沙一家企业当主管了。她来信说："您当年不仅走进了我的心灵，更走进了我父母的心灵，您的教育改变了我们全家的命运。"

我在班主任工作中不断研究学生、与学生心灵沟通、寻找适合学生的教育教学方法，我们班的学生心态阳光、积极上进、多才多艺。素质教育取得了丰硕成果，而高考成绩也一路领先，一本、二本上线率每年在全校排第一。学校开始研究"郭玉良现象"，本校和外校的老师纷纷来学习。

班主任工作之余，我很注重心理健康教育研究，我通过自学获得了国家二级心理咨询师证，开设了"郭玉良心理辅导工作室"，义务帮助全校学生，现在全国各地学生通过电话、网络向我寻求心理帮助，我都免费提供咨询指导。我主持研究的"湖南省十二·五规划课题"《网络环境下中学生心理健康教育研究》获湖南省优秀课题，主编了《蓓蕾悄悄话》《呵护花季》两本著作，被聘为湖南教育报刊社《初中生》杂志"心灵驿站"专栏作者。

我被评为全国模范教师、全国优秀班主任、全国巾帼建功标兵、享受政府特殊津贴专家。2007年参加了在中南海怀仁堂召开的全国优秀教师座谈会，受到了时任国家主席胡锦涛、总理温家宝等中央领导的接见。

（作者单位：湖南省岳阳县第一中学）

学生"逼迫"我成长

李　迪

很多人都知道一个优秀的教师能培养出无数个优秀学生，我却更相信，一个优秀教师也是由众多质朴的、古怪的、娇憨的、灵秀的，甚至桀骜不驯的学生培养的。

曲折、困惑——无意的逼迫

2005 年 8 月，我开始写班级日记。当时的我没有想过那些文字有朝一日能出版，我只是真实地记录着自己的生活：学生打架、丢钱、逼班长退位、被外班男生追求、整顿班风……这些文字发到一些教育论坛上，许多老师从头看到尾，不时感叹；说他们看我的日记，在和我一起欢喜一起忧；说这与其是班级成长日记，不如说它是反映班主任酸甜苦辣的随笔；说这些文字完全可以拍成电视连续剧……在这里，我不是编剧、不是导演，只是演员。对于一些行为习惯不太好的学生，我永远也想象不到他们下一刻会给我出一个什么样的难题。我这一路走得跌跌撞撞，最终却能化险为夷，这便是值得读者借鉴之处，这便引起了出版社的兴趣，他们主动和我联系，要免费为我出版所有日记。

所以，2008 年 1 月，《李迪文集》一共四本，同时公开出版。现在再想，倘若我没有这些性格各异的学生做导演，我的教育生活怎会如此精彩纷呈？又怎会引起广大网友的关注？

但是，我的收获似乎还不止这些。

在班级日记《我班有女初长成》里，有一个八面玲珑的学生菁菁，关于她一个人的成长日记，我就写下了五万字。我从不怀疑菁菁对老师感情的真挚深厚，她却惯于瞒天过海、投机取巧。有一个时期，她的言论在班里占主导地位，远远超过了我的影响。困惑中，我到网上寻师。内蒙的郭景瑞老师、北京的王晓春老师等，都曾经为我出谋划策。在浙江蒋玉燕老师的指导下，我开始学习心理学，并用契约法成功帮助了菁菁成长。

那一次，我体会到了心理学的奥妙，开始系统地学习，并运用于教学，最终获得了国家二级心理咨询师的资格，这是后话。

在菁菁以优异的成绩毕业后，我趁着暑假翻阅关于她的日记，并在每一篇日记后为自己的处理方法做点评：这个事件我处理得好不好？若是不好，根源在哪里？若是成功，为什么？倘若事情再来一遍，我会怎么做……两个月后，菁菁和班里另外三个"问题学生"的成长和反思整理好了，我将电子书稿交给出版社。一个小时后编辑老师就打来电话，说这些记录和反思很有价值，出版社愿意免费出版并付稿酬……

所以，我曾不止一次感叹，自己是被"问题学生"逼迫着成长起来的，是他们那与众不同的行为、观念，让我的班级故事一波三折，让我产生困惑，进一步逼着我去学习、总结，我的思索因此而日益深刻。

平等、善意——关心无极限

时间是在 2006 年秋。地点是我们学校操场。

校园里热火朝天召开着运动会，我们班成绩斐然，我和同学们一样欢呼雀跃，一次次前呼后拥迎接着自己班获得名次的运动员凯旋。我于激动中偶一转身，见体育委员小蓓用眼色向我示意自己有话对我说。

我随小蓓稍离人群，她开门见山："老师，下一个比赛项目结束时，您别只迎接我们班得了名次的同学，那跑到最后的运动员也很努力，也很辛苦啊……"

我惊叹，懊恼，转而感动，对小蓓连连道谢……

运动会的每项比赛，每个班级都可以报两名运动员。我和同学们总是对自己班获得了较好名次的同学嘘寒问暖，却忽略了比赛成绩落后的同学。

我怎么可以犯这样的错误呢？

于是，下一场比赛，在迎接过获得名次的同学后，我就耐心等在终点线旁，等那跑了最后一名的运动员过来，我扶着她散步、放松……再一转身，远远地看见小蓓偷偷朝我竖了一下大拇指……那一瞬间，我恍然如梦，真的不知道自己究竟是老师，还是学生——小蓓在无条件关心着我，鼓励着我，她是真心希望我和同学感情深厚，而不仅仅是她自己尽心尽职。有了这样的班干，我的工作怎么可能不顺利？

我是一名职业学校的班主任，我教的是学前教育专业。新生入学后，他们要买舞蹈裤、舞蹈鞋、手绢、扇子、画板、素描纸等。同学们总是一起交钱，再由班干去统一批发。去年深秋某日早读前，我走进教室，只听班干转红在讲台上说："这段时间我们每个人交了多少多少钱，买了什么什么，花费多少，还剩余多少。有的同学可能疑惑，不知道钱是怎么花的。你们可以随时到生活委员那里去查一下账……"

听着转红的话，我蓦然想起以前我带班，班长辛苦为同学们批发学习用具，学生却怀疑班长贪污，最后闹了很大的矛盾。莫非，现在这个班的学生也在怀疑班干"贪污"？我焦急起来，说："班干牺牲周末休息时间为大家批发学习用具，真的很辛苦，你们可不要误会他们贪污啊！我们不能让班干在操心、劳累、流汗后，还受委屈……"我这里还打算长篇大论，转红却将头转向我，很认真地反驳："老师，您说得不对。同学们交了钱，就应该知道钱都花到了什么地方。若是他们交过钱后，对钱的去向不闻不问，那才是糊涂，那才是对不起他们的父母呢……"

那一瞬间，我感慨万千：我的学生心胸如此坦荡！而我，都想了些什么啊！在这一件事情上，究竟谁更有资格做老师？我若能时刻像转红一样明白做某些事是自己的责任，要开开心心去做；同学们说的某些话可以理解，要耐心细致去解释，生活便会少许多幽怨、委屈，多几分美满和谐。很多时候，我们的幽怨、委屈，是自己强加到自己身上的。

所以，每次接新班，我都会在适当时机对学生说：老师仅仅是年龄比同学们大若干岁，我平时做事肯定有思虑不周详的地方，你们若觉得我哪里做得不妥当，一定要真诚、善意、婉转（老师也要面子哦）地提醒我。老师在这里先谢谢你们。记住，我们的目的都是为了班级茁壮成长，都是为了同学们学习生活快乐……

学生听此话，会很认真地点头，并时时关注班级事务和老师的做法。我便如同有了千里眼、顺风耳，常常收到各样小纸条或手机短信。比如有的小纸条上写着："老师，今天小蕊哭了，她可能有心事，您抽空和她谈谈吧!"或者，"老师，今天是赵伟的生日，我们约好了中午都在餐厅买面条（学校不允许学生过生日请客，同学们便自己买自己的面条），然后一起到三楼吃。您也来吧!"赵伟是孤儿，难得同学们有这份心，我自然是要去的；有时候我会收到这样的手机短信："老师现在有空吗？来寝室一趟……"不必问为什么，一定是寝室里闹矛盾了，或者有人在寝室抽烟。我此时的出现恰到好处，能有效阻止矛盾，或批评违纪同学。

这便是我班主任工作事半功倍的原因——每一届学生都在培养我、帮助我带班。

我曾亲眼见有的班干提醒一些新教师：老师，我们今天中午该开班干会了。老师，某某今天迟到，您应该批评他；老师，下周我们班升旗，现在该找国旗下演讲的主题了……也许是班干的提议太多了，也许是班干的语气不够谦虚，年轻的班主任一脸不开心："我是老师，我知道应该怎么带班，你以后不要看着别的老师曾经怎么做，就来提醒我……"

我在一旁听着，不免叹息：班干是真诚、善意的，老师怎可如此回绝？只怕这个班干以后不会再如此热心班级事务了。这可让学生如何去培养老师呢？很多老师喜欢当班主任，是因为他们深深体会到了被学生关怀的幸福。能让教师感觉到痛苦的，向来都不是忙碌、付出，而是空虚、无聊，以及与学生之间的隔阂、误会。

我一向认为，爱一个人，爱一个班级，并不是你在这个人身上、这个班级身上得到的越多，爱得才越深，而是因为你为这个人、为这个班级付出越多，爱得才越深。当学生愿意培养自己的老师成为优秀教师时，他们会格外关注老师、关注班级，这样的付出、关注，会让学生更加爱老师、爱班级。对于老师一时的失误，他（她）会悄悄提醒，却不会背地贬低。老师在教育生活中收获了工作的幸福，会越发关心学生、热爱教育。

良性循环，就是这样形成的。优秀的班主任，就是这样被学生培养出来的。

（作者单位：河南省郑州市科技工业学校）

研究学生，为学生而成长

林志超

初登讲台，第一次当班主任我就接到了一个大家公认的"最糟糕"班级：班上26个学生，大半数考试经常不及格；课桌椅经常无缘无故地被学生丢到教室门外；上课时，课堂嘈杂得像赶庙会；一下课，总有学生要打架……

我忙着当"全职消防员"，焦头烂额地为学生层出不穷的"祸事"善后。课间，我只能待在教室里，其他学科老师上课，我还得不时地从教室窗边"飘"过，以示自己的"威慑力"。

我以这种自认为"恩威并济"的方式，慢慢地让班级稳定下来，领导、同事们的肯定也让我非常高兴，自以为掌握了教育学生的法宝。这种教育方法，延续了很多年，后来发生的一个教育事例，让我发现自己其实一直在彷徨，并没有成长。

当时班上有个学生叫小军，一开学就弄了一个全新的"爆炸头"。这"爆炸性"的事件，让我火冒三丈。为了集全班学生的力量来教育小军，我让大家来评价小军的"爆炸头"，可学生的回答大大出乎我的意料：他们觉得这是"时尚"。

如何引导学生改变这种错误的审美观？如何避免出现第二个、第三个"爆炸头"呢？我苦苦思索，查阅网络、报刊、书籍，可是始终没有找到行之有效的解决方案。

中午在食堂吃饭，几个同事偶然聊起了孔雀开屏，科学老师在一旁答道："开屏的孔雀都是雄性，开屏的目的除了炫耀，还有就是对雌性示爱。而且部分动物在发情期时，特别是雄性动物，为了能吸引雌性的注意，都会把毛发竖起来。""太好了，我终于找到方法了。"我狠狠地拍了拍科学老师的肩，哈哈大笑。

回到教室我和学生们说："老师发现了一件很有意思的事，想告诉大家，大家都知道开屏的孔雀是雄性吧！孔雀开屏除了炫耀美丽之外，还有一个重要的原因，那就是向雌性孔雀表示好感。听科学老师说，好多雄性动物在发情期，为了能吸引雌性的注意，也都会把自己的毛发竖起来。"我用手在头上比画着，做"头发膨胀状"，并把"发情期""毛发竖起来"进行了板书。这时，学生们发出了一阵爆笑，并把所有的目光射向了小军。小军呢，罕见地满脸通红。

下课后，小军迅速跑去洗头了，一根根"荆棘"，变成了一条条"垂柳"耷拉了下来。第二天，小军剪了一头短发。

我把这个教育故事理成文字，发给《班主任之友》杂志，被杂志编辑作为"典型案例"挂在了官网供大家评析，没想到引起了轩然大波。令我非常意外的是，我没有得到表扬，相反，大家纷纷指责我教育方法不当，说我严重伤害了学生的自尊。

我的教育方法不行吗？这本是令我觉得非常成功的一次教育经历，为什么会受到大家的"口诛笔伐"呢？我非常不理解，并因此陷入了迷茫。而接下来的另一次教育经历，让我彻底醒悟，我到底应该怎么做。

一次，一个受到批评的学生，挖空了校园"公告栏"中的名字。

我呆了一下，看着批评理由栏里的"浪费粮食"，我努力回忆这个被挖走的名字。终于想起这个因为浪费粮食而受到批评的学生，那天他被值日生登记的时候，就涨红了脸努力地解释，说自己是如何不喜欢那道菜，是不小心打过来的，下次一定改。可他最后还是没吃完那一份菜，于是被批评了。

现在，他似乎又做了另外一件"错事"，看到自己被批评，就用了这种"掩耳盗铃"的方法，挖掉公告栏里自己的名字。他为什么要这样做呢？是受到批评不服气，还是被批评了觉得惭愧呢？

显然，他的这个举动，让我强烈地感觉到，这颗童心受到了某种程度的伤害。批评，如何做到既呵护童心，又有一定的教育作用呢？我非常纠结，偶尔看到了一个"艺术讨债"的故事。于是，出现了下述的一幕：

校园"红领巾监督岗公告栏"中粘贴了这么一张"上周表现情况记录表"。

"星期一，诸葛亮乱丢垃圾；张飞欺负低年级弱小的同学。"

"星期二，五（2）班全体同学进行了'护绿大花坛'行动，周瑜故意弄坏了花坛中的花盆。"

"星期三，张启航帮助低年级同学值日，曹操浪费粮食。"

……

记录表中受到表扬的学生都是真实的名字，而受到批评的学生都采用了三国人物的名字。

学生们看到了这张跟以前完全不一样的记录表后，一时间，校园里就像炸开了锅，热闹非凡，大家纷纷询问"诸葛亮是谁""张飞是谁"，而他们得到的答复是——"这还用问嘛！三国人物呗！"我抬头偶尔瞥见了，一个个"知情者"伸了伸舌头，不好意思地低头走了，而脸上却挂满了笑容，心里乐开了花。

由于始终不能在老师那儿得到正确的答案，大家开始关注同学们之间的一举一动了，而"诸葛亮""周瑜"们都不敢大意，表现自然是"完美无瑕"，没有半点的"破绽"。

又是一个星期一，同学们纷纷来到公告栏前，可这一次，他们的"期待"落空了，因为这一次公告栏里公布的只有表扬者，第一次没有出现批评者，那些"著名人物"消失了。

一个月很快过去了，在这期间，在校园公告栏里，竟没有出现公开批评的现象，除了表扬，还是表扬。我看了看，发现"诸葛亮"和"刘备"分别做了好事，他们的真实姓名也被公开表扬了。

改变，收获了惊喜！从那以后，我豁然顿悟，感受了教育艺术的魅力，心中暗暗地下定决心，着手研究如何艺术地面对学生的问题，探寻让学生能"一笑中感悟"，快乐地改变的方法和策略。

打架，往往被学生认为是种"耍威风"的行为。我通过"事件回放"的方式，让见证者把打架过程作为"闹剧"来"公演"，让当事者"看见"了自己的另一面。"事件回放"好像一面镜子，照亮了学生心中的阴影，帮助学生学会了自我克制。

学生之间闹矛盾，我通过"给同伴打分"，利用每一个人都想在同学的心目中得到一个高分的愿望，迅速地糅和生生关系，把看似很尖锐的矛盾，化解于无形。

一个插班生，受同学的冷落和排挤。我通过"落实友谊"，让一个学生时刻关注这个插班生，任何活动都邀请他并作为任务来落实。插班生很快融入新集体，收获了友谊、温情和爱心。

许多班主任怕学生出问题，而我面对问题却异常兴奋，从班级到校园，再到校外，各种学生的"疑难杂症"我都有兴趣采撷收集，探索艺术化的解决之道。

是学生改变了我的教育方式，一步步开启了我的教育成长之路。

做得好，还需要写得好，更需要坚持。为了能够把这些做法及时地记录下来，我给自己制订了一个计划，就是"每天写一千个字"。刚开始，我觉得没什么，可是做多了，就很难了，到最后就变得异常痛苦。

写，不是记流水账，要想写得好，必须要有理论支撑，我又不得不给自己加了一个附加条件，每天阅读一小时。时间怎么来？我养成了拼凑零碎时间的习惯。白天实践，晚上反思、记录，成了我的教育生活的一种方式。因为多年积累，我的第一部个人教育专著《艺术应对学生问题 36 记》出版了，在当当网新书销售榜上位居前三名；2017 年个人第二部著作《从班会课到成长课程》出版，在亚马逊新书榜上连续一个月保持第一名。

研究学生，并一直坚持着，让我收获了很多，收获学生润泽生命的成长，收获自己教育生命的成长，也获得了很多荣誉，其中包括两项最重量级的荣誉："浙江省特级教师"和"全国优秀教师"。

（作者单位：浙江省苍南县龙港潜龙学校）

我的成长四季篇

冯婉迪

夏，充满热情却骄阳似火，酷暑难耐；冬，十足冷静却大雪纷飞，寒冷肃杀。

春，春暖花开，万物生；秋，秋高气爽，喜丰收。

于是，大多人爱春秋而非冬夏，也就是因此吧。

当了十一年班主任，带了学生四届。从现在往前看，我的这十一年，像极了这大自然的四季。

第一届，夏

我上学早、毕业也早，21 岁的我就站在了中学的讲台上。和太多初为人师的朋友们一样，我强烈地渴望和学生交朋友，我和那些比我小 7、8 岁的孩子们打得火热，真真正正地以朋友的身份处理着他们所有的事情。

课堂上，他们接接话茬，开开玩笑，我非但不去制止，反而觉得挺有意思，时不时也跟上逗两句。下课就更"友好"，他们会在楼道里大声地呼喊我的名字；会没大没小地站在我左边快速地拍我的右肩，等我向右看的时候对我说"你真傻"；会懒洋洋的递上一个杯子非要我倒水给他喝……这些其他老师看起来很过分的举动却被我认为是和孩子们成为朋友的最好证明，所以尽管有老师提醒让我和学生保持一定距离，但我依旧我行我素。我开心的享受着和他们称兄道弟，无话不说的快乐。

记得那是这一届初二那年，教育处主任课间在男厕所一共抓住七八个吸烟的孩子，要求各班主任对这事儿严办，我们班不幸就有两个在其中。我和他们心平气和地讲了吸烟的种种不好，提出我对他们的期待，然后作罢。而其他班主任却要么停课，要么叫家长，弄得轰轰烈烈。不久后，主任碰到我，问起对那两个孩子的处理，我如实说，只听得主任语重心长的话"这样处理意义肯定不大，你这样做，会惯坏了他们！"对此，我再一次一笑了之，可之后的形势却变得让我不知如何是好。除了那两个被主任逮住的孩子，班里陆续又出来了三四个孩子，或是被我看到，或是被别人说起在吸烟。我依然是找他们谈，但这似乎真的没有起到太大的作用，直到在操场上，校长亲自抓了一个"就地问斩"，停课一周检查，这些小家伙才稍稍收起了胆子。这一次的事儿对我触动不小，难道，真如主任所言，我这样做，是"惯坏了他们"？

期中考试结束，各班班主任都忙于排名次，准备家长会。我们班的孩子找我说，这个名次要是排出来，家长一知道，回去肯定又是批评个没完没了，求我别排名次了，孩子们还说，以后一定会更加努力，下次一定会考好。看着他们可怜巴巴的小脸儿，想想自己上学的时候对这个名次也是倍加痛恨，我决定，不排名次！以为自己是做了件好事儿，谁知家长会结束后，在看到别班家长人手一份成绩单的时候，他们也向我索要，我自然是一大堆理由地试图说服他们，却没想到他们非但不接受，反而说我不负责任，不想办法提高孩子们的学习成绩。我真是欲哭无泪，只能打掉牙齿往肚子里咽呀。

想一想，像上面说到的这种事儿，那三年，我办了太多，每一次都是面对孩子们可怜巴巴的小脸儿失去原则，每一次都是轻描淡写的谈话，毫无力度的处理班里各类的事件，而我却依然沉浸在和孩子们一起开心玩耍的快乐中，做着自己心中向往的那种"好好老师"，丝毫不去考虑这些孩子真正需要什么，真正是什么才能让他们更加健康快乐地成长。这些，一直持续到这一届孩子毕业，第二年，学校又把我安排在毕业班，却没有再让我担任班主任的时候，教育处主任找我谈，谈得语重心长，他希望我用这一年的时间，好好地观察，多多地思考，尽快的成长起来。

第二届，冬

"休眠"了一年的我，再一次荣归了班主任队伍，当又一个新的集体摆在我眼前时，我变了，变得彻头彻尾。我收起了微笑，板起面孔，逼着自己近乎苛刻地对待每一个孩子，严肃处理每一件事情。

这次的改变确实让我收获到了整整两年的平静，班里处处井井有条，孩子们也中规中矩。课堂上，没有孩子接我的话茬或是扰乱秩序；课间，我的办公室里也不再有一群一群的孩子围着我谈天说地，虽然这些开始的时候会让我感到无趣，但良好的秩序和领导的赞赏让我很快对自己的这次"变形"也很是满意，自认为是找对了带班的方法，于是，也便慢慢的沉浸其中。

初三的时候，在别的班孩子都因为学习压力过大找自己的班主任说说班里的事儿，诉诉自己的苦的时候，我身边依旧冷冷清清，我很少的微笑和基本没有的亲切的语气让这群孩子根本不敢和我谈学习以外的事儿。记得很清楚，那是一个雪天，晚上十点多了，一个女孩儿家长给我打来电话说孩子一直没有回家，孩子父母都经商，平时很少和孩子聊天，就希望从我这里了解一些诸如孩子平时都和谁来往，是不是有什么心事儿之类的线索，可我，前思后想，却怎么也说不出个一二三。第二天早上，这个孩子居然按时出现在了教室里。我叫出了她，马上联系了她的家长，在等待家长到来时，我说"你知道爸妈有多着急么？"孩子说她的父母只忙着赚钱根本不在乎她，我接着说"那你知道老师多着急么？"她看了我一眼，翘起了嘴角，显然神情中充满了不屑："你？你除了会着急我给不给这个班找麻烦，给不给这个班拉分，你还会着急别的？"她的话让我呆住了，我一时语塞。这句话就好比一个好久都没有响过铃的闹钟，它狠狠的闹铃声一下子把我从梦中惊醒，是呀，除了给不给这个班找麻烦，有没有取得好成绩，这三年，面对这些即将毕业的孩子，我还关心过他们什么呀，我所做的，不过像个冷酷的警察，每天面无表情地处理违章，之后扣罚，除此之外便真的什么都没有了。

我曾经的信念，曾经那么的想成为一名老师，传道授业解惑，难道就是为了做这样一个没有热情，没有微笑，没有关怀的冷冰冰的人吗？孩子们需要的，真的是这个吗？

第三届到现在，春秋

充满愧疚的送走了那一届从我这得到很少关爱的孩子们，又迎来一个新的集体。第一天，看着小小的他们唧唧喳喳地站在学校大大的操场上，这一届孩子和我的年龄差已接近二十岁，这种差距让我第一眼看到他们就发自内心地怜爱。

严格而非严酷，善待而非纵容，引领而非迎合。

我觉得我找到了夏和冬的交界，我懂得了什么时候去严格要求，什么时候去关心呵护。课堂上的孩子们严肃认真，课堂外的孩子们又开始找我谈心，和我说着他们的小秘密，我们和谐快乐地过着每一天，尽情享受着彼此带来的温暖和收获。

与此同时，自我提升方面及时跟进，我先是拿到了国家二级心理咨询师的资质，之后自学了诸多与中学生心理健康有关的知识，饱读相关书籍，把心理健康教育渗透到每一次班会课、每一次和学生以及家长的沟通中。由于工作做得有声有色，很荣幸地被学校聘为兼职心理老师，随后又很荣幸地成为了市中小学生二级心理维护中心工作小组成员。

学生更喜欢了、家长更认可了、领导更信任了，自己更是坚定了信念、找寻到了方向。

一路走来，一个行者，时时看看身后一个个或深或浅的脚印，看看脚下的路。或许，每个人的前方并不相同，但我们都有一个期待前方更美好的愿望，就让这个愿望带着我们不断找到更美丽的小路，不断地加快速度，大步向前吧！

（作者单位：河北石家庄市第四十一中学）

我的"七年之 yǎng"

罗少武

据说，人体的细胞每三个月会替换一次。由于不同细胞代谢的时间和间隔的不同，一个人将一身细胞全部换掉，需要七年。也就是说，七年之后，从生理上来看已是另外一个人了。对于我的专业成长之路来说，一个七年就是一个修炼自我、重塑自我的重要阶段，就是一次质的飞跃。弹指一挥间，工作已有十九年，我先是被分配到山区初级中学工作了七年，又到城郊结合部的高中学校工作七年，再到如今工作的省一级达标学校。回首经历过的那些七年，我倍感充实，倍感欣慰，更是对未来充满了期待。

初步成长之路——七年之痒

1998 年 8 月底，我被分配到了偏僻山区的一所初级中学，并当上了班主任。那时我正年轻，对自己的教育人生充满了好奇与激情。

一位兄长告诫我说，这里的孩子顽皮得很，一定要凶一点，不能太随和！于是，开学第一天，我便约法三章：遵纪守令，服从管理，胆敢造次，决不轻饶！教室里一片寂静，这些初一学生在我这个大块头班主任的"威吓"下没敢嚣张。

然而，孩子们实在是太顽皮了。一旦我不在班级，他们又继续捣乱起来。于是，蹲马步俯卧撑，写检讨，再不行就通知家长配合教育。在我的高压下，班级终于"平静"了。

一个午后，我的宿舍门缝里夹着一张纸条："暴君 is you! bao jin!!!"看着这汉字加英语加错误拼音的字条，我不以为然。又一个午后，门缝里又出现了字条:"打倒暴君!推翻暴君!"没容我追查,班级出事了!

阿炳上课捣乱被英语老师打了一巴掌,阿炳倒在地上大哭大闹,家长到学校闹了一番。事情解决后领导找我谈话,有学生和家长向学校反映我的问题了!

我意识到自己太过于简单粗暴了。于是,我放下架子,开始与他们沟通,进行家访,与他们一起运动,一起唱歌。遇到困难时,我总是想办法帮助他们,鼓励他们……渐渐地,孩子们的笑容回来了,我们的关系也越来越融洽了。再后来,学生们快乐地给我取了个外号——"超人"。我由一个教育方式简单粗暴的"暴君"转变成了乐于助人充满爱心的"超人"。

三年后,由于我的表现突出,我当上了段长、学校团书记,成为学校的骨干教师。之后,又由于管理与教学效果突出,学校连续三年将我留在毕业班当段长,中考成绩更是一年更胜一年。

然而,这所因普及九年义务教育而建立的学校面临着被撤并的处境,各种小道消息传来,师生们人心惶惶,我开始动摇了。我也开始为自己的出路而四处奔波,内心渐渐地产生了厌倦:这七年,我全身心投入,充满激情,然而,干得再好,一切也将归零!何去何从,我迷茫了,我遇到我的"七年之痒"了。

专业成长之路——七年之养

学校撤并了,我不甘心于自己七年的努力归零。我重新对自己进行定位:教高中!苍天不负苦心人,几经周折,我进入了当时正热火朝天办高中部的边城中学。

走上高中教育教学工作岗位后,我遇到了许多意想不到的挑战,但我已经能够自如应对了:面对班级典型的刺头——"四大金刚",我擒贼先擒王,软硬兼施,最终,"四大金刚"对我心服口服,并成为我班级管理的得力助手,他们甚至尊称我为"帮主";面对强悍无理捣蛋的"桃谷六仙",我战胜了他们的"掰手腕"挑战并给了他们下马威,我文武并施终而把班级带入学习正轨……

然而,2008年年底,我却遭遇了严重的职业倦怠。连续当了十一年的班主任,从初一到高三,各个当了个遍,我渐渐地感到了累,感到工作没了奔头。我又一次在茫茫的教育路上迷失了方向。

我是幸运的，紧要关头，我遇到了张万祥老师。在他的引领下，我走上了德育专业成长之路。我意识到了之前工作的随意性与盲目性，并重新对自己的教学与班级管理工作进行规划。我购买与阅读张老师推荐的书籍，开始大量阅读《班主任之友》《中国教师报》等报刊，开始积极地到教育论坛上与老师们交流，并开始写文章投稿，开始理论结合实际探索适合自己的德育专业成长之路……

付出总有回报，我的文章开始在《班主任之友》《福建教育》《闽南日报》等报刊上发表了，我也被评为了县优秀班主任，我积极参与《班主任其实好当》等五本书的撰写，还写下了近二十万字的班级日记，《福建教育"督导与德育"》"人物栏目"刊发了我的照片和我德育成长历程的文章……我开始感受到了教育工作的魅力与艺术，也在专业成长路上享受到了快乐与幸福。

然而，命运再次捉弄了我。正当我站在一个新的起点上，为自己量身定做了新的奋斗蓝图时，县里决定：学校高中部并入另一所学校！第二次遭遇学校合并，尽管心里很不是滋味，但这一次，我没有慌张，更没有七年前的厌倦与低迷。我清醒地意识到：这七年，我积累了丰富的高中教学与班级管理经验，学校合并也许是我跃上新台阶的机会！

专业提升之路——七年之仰

事实证明，我还是幸运的！我迎来了新的机遇：福建省一级达标学校诏安一中公开招考两名高中语文老师！参加公开招考是痛苦的，但是，我抓住机会考进了诏安一中，并成为高一实验班的班主任。我开始规划自己的专业提升之路，开始我的七年之仰。

班级纪律很好，我很快步入了教学与班级管理的正轨。然而，我发现，已经有学生打听到我是刚从农村中学调来的，他们正在以他们的标准审视着我考验着我。

看了他们的资料，我明白了：有近半学生当过班干部，获过各种奖的人更多，有的古筝过级，有的钢琴过级，有的师从大书画家……也无怪乎他们不太将我放在眼里。

万事开头难，我开始有意无意地展示着自己的"肌肉"。渐渐地，他们发现，这个刚来的班主任居然还会打篮球、居然还发表了一些文章、参与编写了一些书，居然也喜欢音乐……他们对我有点兴趣了。

很快，半个学期过去了。班长和文艺委员找我商量能不能让他们组织一次文艺班会，我爽快地答应了。文艺班会组织得非常好，学生们的才艺表演也非常精彩。节目刚刚过半，主持人突然说要我表演一个节目！没有任何的慌张，我微笑着说那就借用小悦的吉他唱一首自己写的歌吧。听到我要弹吉他，还要唱自己写的歌，班级一下子沸腾了。

我镇定地坐到教室中央的椅子上，拨动琴弦，唱起了《难忘的地方》。一曲终了，教室里响起了异常热烈的掌声和尖叫声。看着他们的样子，我知道，我赢了。没有太多的悬念，高一结束时，我们班从近七十个班级中脱颖而出，被评为学校十佳班级。三年后，我的班级又被评为漳州市先进班级。后来，我所任教班级的学生百分之百被重点大学录取了。

如今，第三个七年规划已经过去五年了，经过努力，我也收获了许多：被评为漳州市语文学科优秀教师、漳州市书香文明之家、诏安县优秀教师；指导学生获得县级到国家级各类比赛奖励达 30 人次；又参与撰写出版了九本德育类专著；参加完成了一个省级和一个市级德育课题研究；开设完成了三次教育教学专题讲座和五次县市级公开课……在专业提升之路上，我更加充满了信心，充满了期待。

都说人生如戏，回首我的教育人生之路，确也像个充满戏剧性的三部曲：那个最具活力与激情的七年，我勤抓敢管勇钻研，在大量的实践中实现了自己的初步成长，却因学校撤并而遭遇七年之痒；我调整方向踏上高中征程，完成了七年之养，实现了从盲目到有序、从感性个人经验主义向理性专业成长的质的飞跃，我却又遭遇了合并之痛；走进重点中学，我已经从过去的两个七年里积淀了大量的养分，我开始了我的七年之仰。三个阶段，两次破茧，充满曲折，充满艰辛，却也令我倍感充实，倍感幸福。我坚信，通过努力，我一定可以看到更远更大的天空！

（作者单位：福建省诏安第一中学）

"啰嗦姐" 勤奋和执着的美丽人生

殷慧芳

1988 年，师范毕业，我被分配到安阳市人民大道小学，开始了教书育人的生涯。

当头一棒"拼盘班"

校长第一次和我谈话，问我愿意教什么？我想都没想就报了"语文"。却不知道，在小学，约定俗成，一般都是语文老师当班主任。更没想到，刚一参加工作，学校就把一个从原有六个班中抽取部分学生重新组合成的"拼盘班——七班"交给了我。学生基础差，家长文化水平低，真是当头一棒！

但初生牛犊不怕虎，我下定决心要带好自己的"处女班"。

带着满腔的热情，我走进了七班教室。迎接我的是门头上突然降落的扫把和瞬间响起的一片嬉闹声……

我忍着眼泪，硬着头皮走进教室，开始上课。

但没有想到，班里又接二连三地出现各种奇人奇事：

有个叫小涛的孩子，一篇日记只写 40 多个字，其中 20 多个是错字、别字。

有几个"大王"级的男生，总是不完成家庭作业，我让他们放学后留下来补做，有的就把书包从二楼扔下去，然后冲我喊一声："报告老师，我要上厕所。"然后就一去不复返了；有的干脆趁你不注意，从二楼平台直接跳下去……

两个孩子闹矛盾，其中一个认为自己受了冤枉，拿起笔就往手背上扎，吓得我伸手去拦，他不让，拼命在前面跑，我就拼命在后面追，气喘吁吁，终于抓住了，我再也不敢放松。于是，学生哭，我也哭……

带"拼盘班"的过程，我每天都处于高度紧张中，随时随地准备面对新的挑战。

事无巨细"啰嗦姐"

也许是性格好胜，不愿让别人看到自己的失败与眼泪，我没有向领导喊冤叫苦，自己默默地硬撑了下来，这一撑就是三年。这三年，我拼的是时间，熬的是精力。

面对基础极差的小涛，我一有时间就把他叫到身边，从 a、o、e 补起，教他拼音，教他查字典。他的作业我都一字一句一个标点地替他改好，怕他看不懂，又把他叫到身边，逐一读给他听。

小忠是个话语不多、一脸阴郁的男孩，遇到问题就会动手，动不动就对同学拳脚相加。我除了批评教育，常常要耐着性子陪他回家，一路走一路聊……

我几乎步不离地守着这个班，像母鸡看护鸡仔一样。尤其快要毕业时，我中午也不敢回家了。常常是刚从作业堆中抬起头，就又得到教室，值日、卫生、作业、板报……事事都操碎了心。

这个班的学生只比我小八九岁，家长们会让学生喊我姐姐。但学生和我并不亲近，他们觉得我管得太多，"啰里啰嗦""婆婆妈妈"是他们背后对我的评价。"嘘！别说了，啰嗦姐来了！"这是我们班教室里几乎每天都能听到的警告声。

可就是这个"啰嗦"的我，硬是把这个"后进班"带到了先进班级的行列，同事和领导们开始对我刮目相看。

临危受命"实验班"

1992 年 3 月，我们学校与北京师范大学教育系联合开展了国家"九五"社科类重点规划项目"小学生主体性发展实验研究"。这项实验在当时影响极大，家长的期望值也高。

实验班只有两个，学校领导高度重视，配备的老师全是从华东师大、北师大进修回来"镀过金"的人。像我这样学历不高的人只能教普通班。

1997年，实验班走过四年，还有两年学生就要毕业。实验能否取得成果？也到了关键的时候！就在此时，二班的班主任老师因为种种原因离开了学校。

在这种危急情况下，校长找我谈话，让我这个从没有到高校进过修的"土八路"介入实验，把五年级二班语文教学兼班主任工作交给了我！

临危受命！

那是一段激情燃烧的岁月，我经历了一个年轻教师的艰难蜕变！

1. "你结扎（札）了吗？"

那时，校长要求实验班的老师们每月要写八篇教育札记。白天累一天，晚上坐在灯下写感悟、写思考，常常边打瞌睡边写……每个月该交札记时，同事见面问得最多的一句话就是："你结扎（札）了吗？"

这种善意的玩笑成为一种生活的调剂。我们在背后埋怨校长"这老头真狠心"，但，正是因为背后有人"逼"，我们才有了写不完的研究话题，每天的收获都是新鲜的。

我永远都不会忘记那扎实多样的研究活动：主题漫谈，明晰了我模糊的认识；每年一届的"课堂策略研讨会"，让我得到了历练；五日工作、一日进修的学习制度，让反思、学习、阅读、写作成为我生活的常态。

主体教育作为一种先进的教育思想，潜移默化地改变着我的教育理念和教学行为。

2. 老师像妈妈

为了带好实验班，我一下课就泡在班里，和孩子一起下棋、掰手腕……走近孩子们。

小晨：聪明可爱，自尊心极强，不愿在大家面前丢丑。

有一天，他突然尿急，来不及上厕所把裤子尿湿了。这可是天大的难堪！看着满脸通红、眼泪蓄满眼眶的小晨，我轻轻俯在他耳边说："你到卫生间去洗洗手，这样，别人就会以为你是洗手时不小心把裤子溅湿的！"一句话让窘迫的孩子恢复了常态。随后，我从寄宿部借来衣服悄悄给孩子换上。

第二天，小晨的妈妈在《爱心册》上写道："殷老师，您真像孩子的妈妈呀！您让我们明白了什么是'主体性实验'，什么是把孩子当人看！"

小洁：父母闹离婚，性格变得内向、自卑，经常闷闷不乐的。我就努力从小洁身上找闪光点，后来发现小洁的音乐节奏感比较强，恰逢学校要组建战鼓队，我马上把小洁介绍给了音乐老师。在战鼓队，小洁不仅每次训练都提前去，而且刻苦练习，在以后的多次演出中都获得了成功。她的脸上开始有了笑容，乐意和同学们交往了，学习成绩也提高了许多。班会上，她还主动地为大家演唱了一首歌曲！全班学生为她热烈鼓掌。

掌声响起来，我心中明白：爱学生不仅是从生活上关心爱护，更重要的是真正理解他们，尊重他们，欣赏他们，使每个孩子都能获得成功的体验。当老师能真正理解、尊重不同特点的学生时，每一个孩子都可以生活得更加幸福。

3. 你可真是"放心妈"

为了让主体实验落到实处，我在班里提出了"争做最佳的我"的口号，要求各尽所能，展示自我，服务大家。

小岳、小良几个同学组成的"小叮当课间维修小组"，一发现哪个班有螺丝脱落的桌椅，就利用课间时间抓紧维修。

教室外的走廊上，设置了一些小柜台，"小太阳银行"成立了！孩子们把自己做的手抄报拿到街头去卖，一份手抄报只卖几毛钱，居然卖出了几十块！最后，在"小太阳银行行长"的带领下，他们买了零食、饮料和文具，享受着自己的劳动成果。

最受学生喜欢又最受家长质疑的是"今天我上岗"实践活动。"上岗"实行轮流制，一周一换。每到自己的"上岗"周，学生上完前两节课，就戴上"今天我上岗"的袖章，飞出教室，分小组去帮助各部门老师工作：去门卫分发信件，在教务处整理考卷，帮办公室打扫卫生，擦栏杆，扫厕所，整理音乐教室的乐器，体育教室的器材，帮食堂分发收拾餐具等。劳动之余，孩子们留心观察校园树木的不同品种，记录门口每小时的车流量，了解学校教职员工男女比例……

在孩子们开心的"实践教学"中，家长的担忧和质疑也出现了："孩子这么小，能干好吗？你这个'妈'可真放心呀？""活动会不会影响学习呀？"

消除担忧和质疑最有力的回答是孩子们的成绩：学生们的周记有了具体真

实的生活；根据活动统计的数据，自己出的数学题、统计表很接地气；根据活动内容设计出了漫画、手抄报，居然还有自创的诗歌："来时静悄悄，无人会知道，走时亮堂堂，红衣天使的功劳！""实践教学不是劳动，而是学习。"家长的担忧与质疑烟消云散……

硕果累累"大名师"

主体实验使我完成了从"啰嗦姐"到"放心妈"的蜕变，我深刻体验到了做教师的幸福，尊重孩子，大胆放手，全面发展打基础，个性发展有特长的教育理念在每个孩子身上得到具体的呈现。我个人先后被评为全国优秀班主任、省百名优秀班主任、中原名师、省优秀教师、省名师、省学术技术带头人、市管专家、市"十大杰出青年"、市教学标兵等光荣称号，所教学生29人先后被评为"省文明学生""省十佳少年""省好少年""市好少年"。

同时，我开始大胆进行语文教学改革，在教学中努力实现作者情、教师情、学生情"三情"共鸣，逐渐形成自己的教学风格，并多次代表学校、区、市讲课，荣获全国、省、市一等奖；2000年参加全国素质教育典型课例拍摄，光盘向全国发行。

三十年讲台耕耘，我用勤奋和执着书写着自己平凡而美丽的教师人生。

（作者单位：河南省安阳市人民大道小学）

追求，让我抓住一条"大鱼"

张国东

我是一名普通中学的生物教师，没有花香，也没有树高，没有任何官方钦定的荣誉称号，是一名草根教师。却拥有《班主任之友》优秀读者和优秀作者、《天津教育报》书香人物等民间称号。而我的成长，是因为我不甘心做"井底之蛙"，是追求成长的种子在心中萌发。

教育硕士

2004 年初夏，学校接到教育局通知，天津师范大学正招收教育硕士。因路途遥远，大家都不愿意报考。已工作近十年的我毅然报考教育硕士。攻读教育硕士，英语是必考科目，可我十年没有学习英语了。备考期间，我首先买来英语四、六级过关辞典，过单词关。接着又做大学英语四、六级模拟试题，不会做的试题虚心向学校里的英语教师请教。功夫不负有心人，在十月的入学考试中取得 62 分的"好"成绩。

2005 年初春，我开始攻读天津师范大学教育硕士。为了准时坐在天津师范大学宽敞的教室里，我坚持每天早晨 4：30 从蓟县汽车站乘车去 120 公里外的天津，全班同学中我的路途是最遥远的，却没有迟到过一次。为了赶早车，早饭常常与午餐一起并用。

每次上课，为了便于和老师沟通，我喜欢坐在教室第一排的位置。课间休息时，我常常把上课期间没有听懂的问题向老师请教。整个班级中，我和每一位老师都是最"亲近"的，因为我和他们交流的机会最多。我是这样想的——到 120 公里外的天津师范大学上课，每次都要有收获，否则，对不起自己。

下午的课程一般安排到下午 4 点。下课后，我急忙赶公交车到河北区建昌道，从建昌道的河北客运站再换乘返回蓟县的汽车，回到家中，常常是晚上 8、9 点钟。每次去天津师范大学上课，我坐车的时间大约有 7、8 个小时，路途的颠簸并没有降低我追求真知的激情。

在天津师范大学学习期间，全方面提升自己的教育教学力量水平，还大量研读了教育心理学、教育科学等方面的书籍，掌握了先进的教育科学方法；学到了新课程改革先进理念，对于挖掘新教材的深度和广度有很大的帮助。

积极阅读

我校地处天津市蓟县深山区，地理位置偏僻，远离繁华的大都市，大山阻挡了我的视野，让我感到苦闷的是——这里落后的消费观和贫瘠的文化。我想到了用读书来点亮自己的教育人生，我自诩是一介书生，与书结下了不解之缘。每年自费订阅《教师博览》（文摘版）、《教师博览》（原创版）、《班主任之友》《班主任》《德育报》（学校德育及班主任工作版）、《师道·情商》6 种刊物，这些刊物大都为月刊，每年我再网购一些书籍，一年下来，大约花掉 1000 元。当当网或淘宝网等网店有新书上市时，凡是有利于专业成长的书我不惜重金购买，几年下来，网购达近百本。2012 年 9 月份，《李镇西文集》（八卷本）上市后，我立即购买，全面了解李镇西老师的成长足迹，学习他的教育教学精华。

白天忙于备课、上课、批阅作业，晚上是我在书山跋涉的黄金时间，"走近"大师，有"长途跋涉"的艰辛，也有"登上山巅"的幸福体验。我坚持每周读一本专业期刊，摘抄精妙教育小语，每月读一本最新的教育专著，积极撰写读书心得。

读书，不仅让知识把我的心灵占满，更能让我的心胸得以荡涤因而空旷清澈；读书，拓宽了我的知识视野，在专业成长的道路上飞奔；读书，涵养了我的教育情怀，教育幸福之旅更加有滋有味。购书读书已成为我生活中不可或缺的一部分，以购书为荣，以读书为乐。

坚持写作

我是一名高中生物教师，生物学科是高中的理科，不像文科老师那样有得天独厚的写作条件，但我克服了影响教师写作的"坎"。工作之余，勤于反思，坚持用手中拙劣的笔记录下自己专业成长的点点滴滴，记载成长的足迹。一天下来，忙里偷闲，写一段教学随笔，写一段班级管理纪事，让心灵在纸上放飞，让思想在键盘声中流淌。几年间，写下了近 200 万字的文章，并在《班主任之友》教育论坛上发表了个人主题帖——《班级农场纪实》和《班级工作随笔》，点击率达数千。

写着写着，我萌生了投稿的想法，开始认真研读一些报刊的办刊特点，如《班主任之友》《班主任》《德育报》《新班主任》等报刊，做到心中有数。从 2010 年 4 月起，我坚持参与一些报刊的征稿，如积极参与《班主任》杂志的"怎么办？"专题研讨和征稿，在这个栏目上发表的豆腐块文章达 24 篇；从 2015 年 1 月起，我坚持每周参加《德育报》"问诊寻计"栏目的征稿，两年下来，向这个栏目投稿 100 多篇，已有十多篇小文章发表。

我是《新班主任》杂志的铁粉作者，自从 2013 年结识这本杂志以来，多次参与《纠偏解难》《师表工作室》等栏目的征稿，到 2016 年 12 月已在这本杂志上发表了大大小小的文章共 12 篇。

坚持写作的过程中，我对自己的教育言行有了一定的反思，对教育有了更深刻的认识。后来，向教育权威刊物《中国教育报》和《中国教师报》投稿，一些文章受到编辑部老师的青睐，几年来，共在这两家"高大上"的刊物上发表文章 6 篇。

2015 年，我对自己 20 年的成长经历进行了一次"大总结"，从"平常"中挖掘了亮色，从"平淡"中寻找到了价值，从"平实"中创造了幸福，终于完成了《教育幸福，可以这样追求——一位农村教师的成长手记》这本专著。2015 年 10 月，由福建教育出版社出版。这本书刚一问世，就引起了广泛关注，2016 年 2 月 10 日出版的《教育文摘周报》用一个版面予以隆重推荐，2016 年第 4 期的《新班主任》杂志向全国班主任重点推荐了这本书。

自费学习

现实生活中一些怪现象让我很痛心，如某些老师公费外出学习时从不珍惜这样大好的机会，溜号去逛商场，学习效果很差。公费外出学习的幸运之神很少降到我身上，这也让我萌生了自费外出学习的想法。

2012年4月23日，自费去天津聆听全国班主任研究会创始人、全国十佳班主任、山东省著名特级教师——郑立平的《做一个幸福快乐的班主任》讲座。

2012年7月19日，自费去江西九江参加"九天瀑布落银河豪气凝班友，白鹿书院承千年书香润师魂"的庐山笔会，分享到了李镇西、冯卫东、陈晓华、钟杰、郑学志、张万祥等教育专家的精彩讲座。

2013年7月31日至8月1日，自费参加为期两天的山东青州班主任自主成长高峰论坛。在这次高峰论坛上，我品尝到了丰盛的精神大餐——聆听到8位专家的精彩讲座和8位优秀青年班主任的成功经验介绍。

2014年7月12日至13日，自费去山东青岛参加"全国教师育人能力提升与职业幸福创造论坛"。为期两天的论坛，我聆听到了全国德育专家张万祥老师对青年班主任的6个忠告，聆听到了北京师范大学青岛附属学校李玲校长的'和'文化引领下的基础教育国际化实践探索"的讲座……

2015年7月14日至16日，自费去江苏徐州参加"全国教师育人能力提升与职业幸福打造论坛"，聆听到张万祥、郑立平等专家精彩的讲座。

2016年7月21日至23日，自费去河北唐山参加"在互联网+背景下提升教师核心素养论坛"，聆听到郑立平、霍庆、董彦旭等专家精彩的讲座。

每一次聆听专家讲座，我都认真撰写听课笔记，及时把教育感悟诉诸笔端。聆听"大师"们的报告，让我收获了沉甸甸的惊喜、沉甸甸的幸福和沉甸甸的快乐。

在物欲横流、浮躁倦怠的今天，追求让我抓住了一条"大鱼"，有幸"结识"了慕名已久的大师——全国著名教育家李镇西老师、全国著名德育专家张万祥老师、全国（民间）班主任成长研究会创始人全国十佳班主任郑立平老师、全国知名班主任全国班级自主教育管理实验课题负责人郑学志老师等，实现了与高人为伍，与智者同行的梦想。同时我还收获了文字变成铅字的惊喜，在《中国教育报》《中国教师报》《教师报》《德育报》《班主任》《班主任之友》《新班主任》等 29 家教育媒体发表 120 多篇教育故事、论文和随笔。

（作者单位：天津市蓟州区下营中学）

做孩子真实的榜样

郑小侠

工作 18 年，一直担任班主任。起初，为更快地进入角色，做一名优秀的班主任，我也曾经阅读了一系列相关的书籍，明白了班主任不是警察，班主任也不能做保姆，班级应该推行民主管理的方式，师生应该建立平等的关系等等一系列观点。

在我带的第一届高三，我模仿书上的那些优秀班主任案例，在班级建立一系列自主管理的流程，后来在高考中打破了所在学校的纪录。我一度洋洋自得。在其他老师看来，我似乎早早就掌握了班主任的诀窍。

但是，只有我自己知道，这一届有很多别人看不到的问题。首先是纪律，外紧内松，在纪律管不到的地方，同学们远远没有做到自律；然后是师生关系，第一届的师生关系在许多老师心中是最亲密的，但之于我，却觉得第一届的许多学生与我的关系并不比以后的学生亲密；最后还有孩子们的发展，这一届孩子多是规规矩矩却缺乏锐气和开拓精神的人。

为什么会有那么多遗憾？

随着工作阅历的增加，我越来越深入地反思我自己的管理模式。民主管理是万能的吗？班级像一架精密的仪器，制度规范非常严密，每个学生都管着其他学生，每个学生又无时无刻不在其他所有学生的监督之下。每个学生都像机器上的螺丝钉螺丝帽一样发挥着作用、存在着。但学生能从这架机器上带走什么而成为他们的终生品质呢？学生离开了这架机器会怎样？离开了这个班级这个学校离开了这种制度会怎样？教育孩子不是管理犯人，统治百姓，也不是管理纺织女工，而是培养人，培养高尚的有责任感的传承了民族精神的完整的人，这些品质光靠管理是管不出来的。如今，我们的教育极其强调自主，自主当然需要，但自主绝对不能解决教育的所有问题，自主不是教育的唯一方式，甚至不是主要的方式。偏重管理技巧的我仍然没有把握教育的精髓。历代大师对弟子的影响最深远的是大师自身的言行，大师的榜样与楷模，大师的垂范，那才会对学生终生的言行、品质带来深刻的影响。比如武术，弟子从武学宗师身上学到的不只是武术，更重要的是武德、意志品质，只有这样才能使武术达到更高的境界。

于是，我开始改变。小包的成长是我转变的一个重要事件。

小包是一位来自山区的高三男生，平时表现良好。但有几天，我发现他白天上课不在状态。作为老班主任我很清楚，白天精神不佳，夜里多半有问题。经过调查，发现他深夜躲在被窝里看电子小说。

第二天，我找他谈话，跟他讲纪律，他态度很诚恳，表示下次不敢了。但是过了几天，我发现他又犯了。这次我改用目标引领的方法，跟他谈梦想。我说："你只要突破数学，完全可以上浙大。"他眼睛都亮了，说："我们村里大学生都不多，我要是能上浙大，我全家都会非常开心。"这一次，他坚持了两个星期。当我第三次发现时，我再次改变策略，对他进行了严厉的批评，他眼泪都快下来了，说："老师，事不过三，不会有下一次了！"

当第四次再发现时，我陷入了深深地自责与反思。是我此前的纪律教育、目标教育和批评教育没有真正起到作用，我选择了低效无效的教育才会导致他一再的犯错。跟他爸爸分析的时候，我们最终一致认为，他的根本问题是缺乏毅力，扛不住诱惑。他爸爸还提醒我："老师，你不是经常陪孩子们跑步嘛，要不，这次让这小兔崽子多跑些，你跑他三天三夜，他跑不死的，跑死了我不要了！"农村的父亲那么朴实。

于是，我出了狠招。先在班级里公开批评和分析了小包的错误及其原因，然后向全班宣布，我要罚小包连续跑三天，每天 20 圈 8000 米。由于老师的教育失误，让小包越陷越深，作为班主任我有责任，也要接受惩罚，这三天，我陪他跑！

第一天，天很热，我的身体稍胖，跑起来有些吃力，他超了我两圈，但是，跑完后，他站在操场门口用复杂的眼神看着我。我当时在想"我求你了，我不行了，我一跑到，你给我深深忏悔，我放你一马，你也放我一马，明天我们不要跑了，我们以后好好过日子!"当我跑到时，他转身溜了!看着他的背影，我特别难过。如果之后的两天还是这样，我这招是不是也无效?

第二天，天更热了，第一天留下的酸痛在我们的大腿上肆虐，20圈是很需要毅力的，我一直在观察他的表情，怕他中途放弃。最后他坚持下来了，还是超了我两圈，仍然站在操场门口，用复杂的眼神看着我，想说什么又没说出来。我当时在想"我求你，我真的不行了，我一跑到，你给我单膝下跪，我也一定给你单膝下跪，我放你一马，你也放我一马，我们以后好好过日子!"但是，我跑到时他又转身溜了。我好绝望，这两天会不会白跑呢?我赶紧打电话给他爸爸："怎么办?这家伙跑了两天没有反应啊!"他爸爸也很激动："老师啊，你一定要坚持住啊!"我已没有退路。

第三天，天公作美，下起了小雨，很多同学出来陪跑，我喜欢这样的教育情境!而这时，我感觉肚子有一点小痛，于是，灵机一动，使劲用拳头顶住胃部，好像很痛很痛的样子，艰难地向前跑着，他慢点我就慢点，他快点我就使劲跟上。脸上的汗水和雨水也分不清了。这时，我听到后面有哭声。一位女生冲上来就拽我了"小侠，你不能再跑了!再跑，我们就没有班主任了!"而我内心无比欣喜!我相信这一天，这个场景，一定会给这位缺乏毅力的同学和其他所有在场的人留下长久的记忆!

冲过终点时他仰天长啸，大吼一声，湿湿的脸上不知是泪水还是雨水。我想，有戏了。

我让生活委员给我们准备了两份盒饭，我们俩在教室的一张课桌上面对面吃，教室里死一样的安静。我想他是很想让我给他来一个狂风暴雨似的批评的，但我觉得此时无声胜有声，我憋死你!果然，一阵死寂后，他的眼泪一滴一滴地滴在盒饭里。忽然，他冲到讲台桌前向全班同学做了一个发自肺腑的演讲："我对不起谁，我对不起谁……我一定怎么样，我一定怎么样……我会用一辈子去记住这三天，记住这红色的跑道!"他讲什么已经不重要了。后来他真的考上了浙江大学。每次来看我，他都会提起那三天，那三天红色的跑道，他说那三天是他一辈子的财富。

从那以后，我更加深入地思考班主任工作的真谛。

　　做孩子真实的榜样，家庭教育是这样，学校教育也是这样。如果学校教育也能像家庭教育那样少一些管理、多一些垂范、多一些爱，那么，学校会是孩子们多么美好的乐园啊！少一些冰冷的管理和说教，多一些陪伴多一些榜样示范，在孩子面前展示我们的激情、善良、顽强还有责任感，孩子们在大人那里吸取正能量，潜移默化，我们的下一代便可以茁壮地成长。

　　我努力做孩子们意志品质、人格品质、生活品质的榜样。渐渐地，我的学生不仅在高考中取得了好成绩，更让我欣喜的是，我带的班级的学生积极阳光，班风优良，学风端正。

　　我相信，一个热爱生活、积极向上、正直善良的人，一定会成为成功的人、幸福的人，为社会为家庭带来正能量创造正价值的人。

　　伴随着学生的成长，我也获得了一些荣誉，比如全国模范教师、长三角班主任基本功大赛一等奖、浙江省2014年度教育十大影响力人物等等。

　　但比这些荣誉更重要的是，做孩子真实的榜样，我解放了自己，也激发了学生。我班里的孩子们是快乐的自由的，而我也无限享受着我的班主任工作，年复一年，乐此不彼。

（作者单位：浙江省温州市瓯海中学）

三个班会磨练后的感悟和成长

周玉波

做了十三年的班主任，开过无数的班会，但给我留下深刻印象的只有三个。

最安静的班会

怀揣着"文学梦"的我，大学一毕业就被分配到一所三流中学当了教师。都到了学校报到的这一天，我的梦似乎还没醒，竟不清楚自己已然成了一名教师、一名班主任。

学生报到的前一天，主任给我们班主任开会，我一脸茫然，看着那些老班主任们都在认真记，我也认真记，稀里哗啦的，整整记了一大本子。散会后，我又赶忙整理，把主任说的六个方面，加进我的思考变成了八个方面；把学校十条"校规"加上我的要求变成了十四条。

第二天的班会，真的太静了，自始至终都是我在说，学生没有交头接耳的，听得似乎十分认真；家长趴着窗户、隔着门缝也在听，好像都在给我颔首点赞。我对班会效果十分满意。

开学第一天的三节晚自习开始了：第一节排座、发书乱哄哄，情有可原。第二节鸦雀无声，都在翻看新书，我心中也充满自豪，看来班会起作用了。第三节开始躁动，我转了几圈，镇压下去了。

晚自习后，我决定去宿舍查查。我来到一个男生宿舍，天气闷热，学生多是赤裸着，还好，见我来了，都急忙把短裤穿好下床站立迎接我，可还是有两个学生坐在上床不下来，光着身子都不知道遮挡一下，尤其是一个学生脖颈上还戴了一个饰物玉观音。刚刚公布的校规怎么就忘得一干二净？我的火不打一处来，狠狠教训了那两个不懂规矩的学生。

回到办公室我坐了良久，心中充满了失落。我想："光有校规是不行的，还要跟上必要的惩戒。"

于是我每天挥舞大棒，充当着"警察"和"法官"的角色，用"重刑"治"乱世"。我起早贪黑的查访，大声呵斥，严厉惩罚，自以为认真负责，一切为了学生。可是当我接到学生写给我的一张纸条后，我就傻眼了："周老师，您每天真的很累，也经常发火，感觉您离我们越来越远了，我们心疼但不认同。"

一句"不认同"让我如梦方醒，一句"不认同"叫我所有辛勤的付出都成了"瞎子点灯白费蜡"。那一刻，我的"警察"角色、"法官"身份瞬间崩塌了。

最热闹的班会

磕磕绊绊的高中三年，我又迎来了新一届的"第一个"班会，我决心，要开一个全新的班会。

我带所有学生来到院区的大杨树下，43 人围坐成一个大圈，先是传递式的自我介绍，后又把全班分成 4 个小组，自荐组长，为小组取名，画小组徽标，拟小组战斗口号，最后各个小组进行才艺表演，搞得热热闹闹、不亦乐乎。

班会就是一个风向标。同学们很快抹去了彼此的陌生，成了"不属外""不见外"的哥们、姐们。为了和学生打成一片，我也混迹于"同一战壕"，和"混小子"们一起打篮球，和"疯丫头"们一起玩跳绳。嘻嘻哈哈中倒也有许多"心领神会"：自习课乱了，我一进教室，马上会有人"嘘"的一声，教室就会鸦雀无声；我看到教室地上有纸屑，刚要弯腰，马上就有同学过来说："周老师，我来捡。"边捡边说："看谁再敢扔垃圾，我断了他的六指！"惹来哄堂大笑。我似乎也很享受这"一呼百应"的感觉。

可是，到了高二下学期，我感觉有些 hold 不住了。自习课乱了，我进到教室，学生视而不见；地上有了纸屑，我弯腰去捡，学生熟视无睹。那种

"心领神会"不知什么时候已经"灰飞烟灭"了。我仿佛沉溺在黑压压的大海中，那些"混小子""疯丫头"们在我的周围吵成一片，我感到了窒息。

我终于明白了，"沉溺"在"同类"中的人不可能会有"一呼百应"的。我必须要奋力登岸，只有登顶峰巅，才会有真正的"一呼百应"。

最不像班会的班会

这一年，我被县重点一中相中，但调动工作很不顺利。开学两周后我才到一中报到，坏事变好事，我窃喜没给安排班主任。

但好景不长，不到一个学期校长就让我"半截子"去接一个乱班。好家伙！那个班可算颇有名号，前几天和县体校的那场架打得"蔚为壮观"，"战场"黑压压一片，砖头瓦块横飞，多人头破血流。这下惊动了"朝廷"，县长亲自过问，校长找我接班。

我知道这个班有个天不怕地不怕的"老大"，三天两头带人打架。"老大"一呼百应，俨然成了学生的精神领袖。

接手这个班，我想，要双管齐下，我精心谋划，一是利用我的语文课收服全班学生，二是寻找机会降伏"老大"。

第一节语文课，我立了这样一项"课规"，我说："我的课不管什么时间你听腻了，不用'报告'，直接站起来说：'周老师，我听腻了。'我马上打住。但咱们也不能闲着，你们可以考我，你们随意命题，我口头作文。"

这条"课规"我用过两届学生了，没有一个学生这么做。可是在这个班第二天的语文课上，一个男生就给我来了个"下马威"，在我讲得正起劲的时候，这个男生站起来就说："周老师，我听腻了。"

当时课堂骤然凝固。我说："好啊，那就按我们的约定，你出题，我口头作文。"

男生斜了一眼墙角，顺口说了一句："笤帚"。

我没有一刻的停顿就开口了，没有一处磕绊，极富感召力地完成了我的口头作文。课堂静得出奇，接着是全班同学长时间的掌声。我想，他们服了。

对降伏"老大"，就没那么简单了，我每天都在观察他，有意接近他，但他好像对我不屑一顾。

　　机会终于来了，那天大课间我正在教室和学生聊天，一个学生风风火火地从外面跑进来喊着"老大……"见我在，就没再说下去。我看了看那个学生，又扫视了一下大家，有意大声说："老大？谁是老大？"

　　教室里一下静了下来，我缓步走到讲台上，郑重地说："同学们，现在请允许我宣布我们班的第一条班规。"我边说边读着每一张脸，我知道他们心里在想："这么多天，班主任天天在教室转悠，就不开班会，叫人心里没底啊。今天终于憋不住，要宣布班规惩治我们了。"

　　我停顿了好一会才说："请大家记住，从今天开始，我们班只有一个'老大'，他不是别人，而是在下。"

　　没有人说话，所有人都被我的"第一班规"搞蒙了。我也没容得他们醒过闷儿来，就用激将法直点"老大"的名字，我说："怎么？你不服吗？不服咱俩单挑比试比试？"

　　"老大"分明中了我的计，仰着脸说："比就比，谁怕谁。"

　　这时同学们好像一下缓过神儿来，起着哄叫好。我说："大家说，比什么？"有人说"掰腕子"，"老大"说："好！就掰腕子。"三局两胜，我没给"老大"留一次机会。

　　同学们有些失望，"老大"一句话没说，满脸通红地走开了。从此"老大"像变了一个人。

　　一年下来，摸爬滚打，这个闻名的乱班成了市级优秀班集体。当我欣慰之余，回忆治班历程时，竟然回忆不起我的第一个班会：第一节语文课的"课规"？大课间的"班规"？它们都不像个班会，却就是我的班会。

　　作为班主任，我们都十分清楚自己的身份，却也时常搞不清自己的定位。我们常常会走进这样两个误区：

　　一是太拿"班主任"当事儿了。我刚参加工作时就是这样，我把班主任的权威绝对放大，充当"警察"和"法官"的角色，以班主任的威严摧毁着学生的尊严。我总是对学生要求得太多，规定得过死，让学生低眉顺眼，绝对服从，但结果是把自己沦为了"灭火队员"，天天忙着四处灭火。

　　二是太拿"班主任"不当事儿了。在"同一战壕里的战友"新型师生关系理念下，我也曾一度迷失了自己。我把自己定位在学生的"玩伴"上，从和和气气，到乱哄哄，最后完全失控。这种一味的感情投入，尽管回报的是学生的"真性情"，却丧失了教育力。没有雕琢的教育也就没有了教育。

教育需要学生的"真性情"，师生关系也大可定义在"同类"。教育不能忽视这种"同类效应"：有效的影响多是在"同类"中发生的。但教育仅凭"同类效应"是不够的，有效的教育不仅要有教师对学生的尊重，还要有学生对教师的"景仰"。

（作者单位：天津市武清区杨村第一中学）

在创新中享受教育的成长快乐

宁 杰

清闲不等于快乐

1993 年毕业后，我服从分配到一所偏僻的乡村分校任教，虽然那里生活苦，但我无怨无悔。可是，渐渐地我发现，事实非我所愿：那所学校竟是个"被领导遗忘的角落"，外出学习或听课，不关我们的事；讲公开课或教学能手的评选，没有我们的参选名额；甚至那一年我应该晋级，他们竟然把我给忘掉了。于是，"浑天聊日"是工作的常态，追求上进似乎是个另类。很快，参加工作时的满腔抱负灰飞烟灭，刚毕业时的教育激情偃旗息鼓，我渐渐融入了那个大集体，过起了逍遥自在的日子。一眨眼，八年过去了。

2001 年，教育的春风突然刮到了分校，吹到了我，我跟着领导到县城郊区的一所学校去听课，新鲜的课堂教学模式和活泼的班级管理方式让我的心情不再平静，作为一个教师，工作的快乐应该来自精彩的课堂，教育生活的幸福应来自于师生的共同成长。于是，我挥挥手，毅然告别了那个熟悉的小院，离开了兄弟般的同事，走向了新的教育天地。

无序的忙碌中没有快乐

新学校的校长是一个比较有思想的人，总是想出一些新点子激励老师们大胆建言，创新管理，还鼓励我们写教育随笔……此后的几年，白天工作，晚上夜深人静的时候就写点东西，很多时候我都是午夜之后才睡，虽然很累但也小有收获，2004 年仅在《中国教师报》上就发表了 20 多个豆腐块。

小小的成绩和进步给我带来的不是满足，而是更多的欠缺感。我渐渐地感到自己的知识是多么的贫乏，视野是多么的狭窄。我也认识到，自己已到了需要全面提高一下的时候了。于是我把目光锁定在了我市新建的世纪学校。这所学校，从全市公开考试选拔 150 名省市级教学能手和学科带头人，经过一番拼搏，我有幸成了其中的一员。

或许是新建学校，或许是私立性质，或许是我工作的效率低，总是感觉自己整天忙忙碌碌的，就像一个陀螺，一到学校快速旋转，一离开学校就疲惫地躺下休息。

忙忙碌碌的工作与刚参加工作后的那几年相比确实充实了很多，但总以为这不是我理想的教育生活，因为工作不仅仅是为了充实无聊的时光，更是为了享受工作的快乐。

在创新中体味快乐

就像漂浮在茫茫大海上的一叶小舟，我极力眺望着水天相接之处，不知道该何去何从。迷茫，愁闷，焦虑，时刻缠绕着我。就在我努力寻找着新的出路时，2009 年 11 月，我加入了郑立平老师成立的心语团队，在郑老师带领下，我们开始了读书、写作、反思，开展了"老班话幸福"网络讲座，组织了"同读共谈一本书"活动……在参与这些活动的过程中，我也结识了全国各地很多的名师，例如山东的刘霄、安徽的贺华义、湖北的管宗珍、河南的焦兵书等，在与他们的交流中，面对同一个问题他们能从不同角度出发进行思考，为我提供多种新颖有效的解决途径，让我大开眼界，从此也开启了我探索创新班级管理之路。

首先，"志愿者服务小组"的建立让我从繁忙的班务中解脱出来。班主任的精力很大一部分是用在处理班务上，班务就像一个针线筐箩，永远有干不完的细碎活儿，忙累烦也是班主任的常态。以前我也常为烦琐的事情而心情不愉快，为把自己从繁忙的班务中解脱出来，我在班里成立了自习静悄悄小组、学习顶呱呱小组、相处乐悠悠小组、活动乐淘淘小组、督评喜盈盈小组等 10 个小组，全班同学根据个人意愿分成 10 个小组，组长带领组员开展工作，每个小组负责一项事务，小组与小组之间相互服务、相互制约、相互监督。当我带领他们熟悉了各自的工作程序后，他们就独立开展工作，替我分担了八成以上的班级事务，并且做到老师在与不在一个样。例如，同学之间有了矛盾纠纷就去找"相处乐悠悠小组"的同学调解，学校里有了活动，"活动乐淘淘小组"的同学就主动去安排。没有了繁杂事务的闹心，工作中自然就多了些乐趣。

其次，多种激励方式调动起了学生持续的积极性，也得到了家长的认可。"宁老师，你给孩子发的那些奖状就像有魔法一样，她总也攒不够，放在一个小盒子里谁也不让动，抽空就自己拿出来欣赏"，这是一个家长给我的短信；"宁老师，你还真有办法，你自己印制的奖状比买的要珍贵，比做父母的说话也管用"，这是一个家长给我的留言。其实，家长所说的"奖状"是我根据活动的内容和需要组织语言，用打印机印制的，学生因为什么获得了这张奖状，我写得很清楚很明白，很适合用来"收藏"和以后回忆。还有很重要的一点，为了激励学生始终处于积极状态，我总是不停地变化花样儿，从"证明条"到"奖状"，从"喜报"到"嘉奖令"，从"班级邮票"到"月历卡"……学生总是对这种奖励方式还比较喜欢的时候，我就换了另一种形式，当学生对这种形式还没有厌烦的时候，我又换了另一种形式。就这样，他们在多种激励方式的调动下，始终处于积极向上的状态。当学生能自觉主动的追求上进后，工作中的快乐就多了。

第三，"教育热点问题讨论"让学生自己教育自己。很多要求强调过多次，但有些孩子就是做不好，这是让我很苦恼的一件事。经过多次尝试之后，我选择了"教育热点问题讨论"法，就是选择最典型的教育案例，提出几个问题引领学生去讨论，让学生自己说出我想对他们说的话。这种讨论法加强了学生的反思能力和自我教育能力，无须我再苦口婆心地劝导，在轻松娱乐的讨论中问题就解决了。

就这样，在不断创新班级管理中，尽管有点忙，但心里快乐；尽管有点累，但心里不烦。因为，我在做自己喜欢、快乐和轻松的事情。

在分享中感受快乐

有一次，郑老师知道了我在班级管理中采取的这些创新措施后很感兴趣，说这些做法都很有新意，在不知不觉中就引领着学生追求上进，既锻炼了学生的能力，又减轻了自己的负担，因此他建议我把这些创新做法分享出去，供大家借鉴和学习。由此，我又开启了与他人分享之路。

在郑老师的带领下，我先后到潍坊、青岛、济南等地区的学校，以及河北、四川、陕西、江苏等省区去和老师们交流学习。在向老师们自我介绍时，我就说我是一个普通的一线教师，是一个仍然在带着班的班主任，没有高高在上的头衔，没有让他们望而却步的荣誉，最接地气的身份拉近了我和老师们的距离。听了我的做法后，他们都说很有借鉴性，很有启发性，这样的交流是最接地气的，最受欢迎的。听了他们的评价，我感到很快乐，因为我的分享让别人能从中受益。交流回来后，还有很多的老师请求加为好友，继续交流和探讨，我都很愉快地答应了，因为从中我明白，那是自己的劳动成果得到了他人的认可。

在培养创新型的学生中追求快乐

一花独放不是春，花开满园才是春。我不再满足于做一个创新型的教师，而是要做一个培养创新型学生的老师；不再局限于自己想创新的点子，而是引领学生去想创新的点子解决现实的问题。

尽管培养创新型的学生不是那么容易，但学生的创造力无限却是个事实。在我的创新做法影响下，"活动乐淘淘小组"给班里写字最好的同学举办了书法展，为唱歌最好的同学举办了个人演唱会，多次组织班级演讲；"相处乐悠悠小组"创造了"和谐相处法"，小学生做起了只有研究人员才做的高端研究课题……在学生的参与中，我们进行了"一次练习四个分数"的学习研究，如火如荼地摆起了"课堂擂台赛"，采取了"矛盾问题最优解决卡"措施，成功地创办了班刊《小脚印》……每一次活动的开展，都是一个惊喜；每一项措施的实施，都是一次创新；每一次创新，都是一次成长，都是一次飞跃。

我在憧憬着，在努力着，有朝一日，我教过的学生成为全国乃至享誉世界的创新型人才，为社会的发展做出突出贡献的时候，我会倍感欣慰，倍感快乐，无比幸福。

做教师，不是为了找罪受，而是为了享受教育的快乐，勇于创新就是享受到其中快乐的方式之一，自己也会从教育中获得成长的快乐。

（作者单位：山东省寿光世纪教育集团东城学校）

第二辑　奋进·逆袭

　　有的人，中途就被撤下班主任职务；有的人，被学生赶下讲台；有的人，连学生都教育不了。但他们没有气馁，怀着"不服输"的心态，奋起、调整、前行，走出困境，走向精彩！

因为执念，我突破了自己

杨春林

常到全国各地去交流，和老师们分享当班主任的做法和思考，传播教育的幸福与快乐，老师们屡屡投来羡慕的目光。他们很好奇，我怎么走到今天的。实事求是地说，当初我并不认为自己能当好班主任，是成为一名好班主任的执念，成就了现在的我。

意外进了师范，立志做一辈子班主任

高考填报志愿，我没有选择师范类专业。造化弄人，尽管我以全班第一的成绩考上大学，但最终因志愿不慎降了档，没有任何心理准备，我"光荣"地进了师范院校。我暗下决心"干一行爱一行"，做一名让学生幸福的好老师、好班主任。

工作之初，我便立志要一辈子当班主任，实现我的人生价值。当年，来我校讲学的任小艾老师问，有谁愿意一辈子当班主任，我毫不犹豫地举起了手。这是我对自己的要求，也是我对教学生涯的一份承诺。但是，这对最初登讲台的我来说，并不容易。

调到杭州工作的第二年，我开始了我的班主任生涯，中途接手了一个高二班级。这一年在你进我退、此消彼长的"师生斗争"中匆匆而过，高三新学期开始前，我做了精心准备，总结经验，吸取教训，制订了周密的计划，准备做最后冲刺。然而，命运和我开了个玩笑。开学之初，我的脚步停在了离会议室几步之遥的楼梯上——我的班主任职务已被罢免！理由是"不善管理"。

经过这次打击，我冷静下来，开始仔细检讨自己的工作。我发现，自己身上存在两个问题。其一，由于来自农村，普通话不标准，在表达自如的城市学生面前，会不由自主地流露出几分不自信；其二，读书时代的自己，也是个调皮的孩子，没少被老师处罚，因此对学生的不良行为，多了一份宽容，以开放的方式与学生相处。前者的自卑，让我行事底气不足；后者的所谓"开放"，使学生行事无所忌惮。这样的自卑与开放交织，使班级缺少宁静与深刻，更多的是嘈杂和肤浅。

罢免事件之后，我坚定了要当班主任的决心，我暗暗告诫自己：哪里跌倒就从哪里爬起来。当然，更是因为最初的志向和梦想。

在失败中反复磨砺，寻找教育的平衡点

2002 年，因教学成绩优秀，学校决定让我留任高三并当班主任。接手的高三某班，是一个"传奇"班级，班里个个不是省油的灯。班级共 42 人，"名人"不少。也正因为学生不好管，班主任才频繁更换。

之前被罢免的阴影还未完全消除，又接到这么一个"烫手山芋"，这可如何是好？我打起了十二分精神，一改之前"开放"的教学风格，狠抓常规。

每天朝六晚十，全程跟班，坚决执行"盯、关、跟"的政策，绝不放过任何风吹草动，一有异常马上批评、教育、整改。为了解决自修课吵闹问题，我特意把班级一分为二，单人单桌分开管理。另一个自修教室在另一幢楼的三楼，每次来回要走上下十几层楼，但我一点也不感觉累，精神饱满，仿佛有使不完的劲儿。虽然和其他平行班相比，仍差距较远，但我依然坚持着，相信付出总有回报。

尽管如此默默付出，我却没有获得学生的肯定，在学校的一次评教活动中，我只获得了照顾性的五张优秀票。面对这样的结果，我相当迷茫，我一度怀疑自己是不是真的不是当班主任的料？

就在此时，一位同学的提醒让我猛地一惊，"老师，你几乎每天晚上都要对大家进行思想教育，有些事不妨放在一起讲，如此频繁洗脑，我们会变麻木，会厌倦，自然也就不会重视那些'废话'了。"就是这样一句话，让我真正意识到，是我自己走得太快太急，满脑子只有要彻底改造学生的想法，却完全忽视了学生的特征和需求。

在这之后，我不断改进自己的教学方法，在宽与严的摇摆中，寻找教育的平衡点。我意识到，这个年纪的学生性格叛逆，必须顺着毛捋。从此，班主任工作渐渐有了起色，痛苦渐渐退去，接踵而来的是越来越多的幸福。

名师指点，让我少走了很多弯路

在我的教育工作中，有这么两件事情，一直让我印象深刻。

刚开始工作的时候，碰到一位让我头疼的男生。他留着长发，我劝他稍作修理，他也不愿意。在我的再三劝说下，他勉强去做了点修理，结果，真的只是做了一点修理，头发还是那么长。我放下狠话："必须重新修剪，否则甭想跨进教室的门。"未曾料到，他的火气比我还大，他说"不进就不进"，带着愤怒，他冲出学校的大门。

这样的失败，我想，很多老师都有过。我很是迷茫，怎么叫学生理个头发这么难，清清爽爽不是很好的吗？我向师傅咨询，韩似萍老师告诉我说："头发是学生青春的旗帜，在他们看来，头可断，发不可理。简单粗暴的命令只会引起学生反感，我们要另寻角度让学生自觉接受学校的规定。"她的话如同醍醐灌顶，原来班主任工作并不是简单地发布命令，督促学生执行命令，而是要从学生角度让学生发自内心地理解并认同我们的教育工作。

后来，我又碰到一位女生，爱好打扮，涂脂抹粉，染发烫发，全无高中学生应该有的学生样。怎么办？这个问题不能因为难就回避，也不能像以前那样简单粗暴。我记住了韩老师的点拨，尝试另选途径。

我把她叫到办公室，她一脸的戒备和疏远。

"知道自己有什么优点吗？"

"不知道！"

"一点也没发现？"

"没有！"

"我发现了。"

"哦。"

"我来说？"

"哦。"感觉得出来，她对老师有抵触情绪，不愿多讲一句话。

"你的皮肤特别地白！"我的话出乎她的意料，她的眼神中闪过一抹亮光。"这样的肤色，是很多人梦寐以求的，你却放弃了……"

周末返校，一个清清爽爽的女生，焕然一新地站在了我的面前。

同样的事情，不一样的结果，带给我们的启发是深刻的。学生问题没有处理好，固然有学生的问题，更是因为我们缺乏教育智慧。我们必须认识到，教育不只是技术活，它更需要智慧。这智慧可能是专业的敏锐、专业的素养、专业的方法、专业的精神。

读万卷书，不如行万里路；行万里路，不如名师指路。此言非虚。

一个人走得快，一群人走得远

我不断地学习，不断地思考，不断地实践，踏上了班主任专业化的征途，我的成长踏上了快车道。我是普通的，却也是幸运与幸福的，至少走出了一条属于自己的路。

随着对班主任的工作认识愈加深刻，工作起来也得心应手，回想自己一路跌跌撞撞走来的艰辛，一个大大的想法在我的脑海中产生，我决定要向更广阔的领域发起挑战——创建"浙江班主任"网络交流平台，让和曾经的我一样深陷教育困境的班主任结伴同行。

2013 年 8 月，我和好友祁进国和褚建利一起，创建了属于浙江人自己的班主任群——"浙江班主任"网络研修平台。从最初的两三个人，到今天的1400 多人，短短几年时间，"浙班"会员覆盖了浙江省所有县市，成为全国有影响力的区域网络团队。之后，我们又相继推出了"浙江班主任"网站和微信公众号。

为了让一线班主任从中受益，除了网络实时交流，"浙江班主任"定期开展专题讲座和主题研讨活动，探讨教育问题，碰撞教育智慧，实现专业成长。此外，我成立了"杭州市首批名班主任工作室"，与网络研修平台同步，搭建线上线下同步推进的成长模式。

随着研讨的推进，我专业化程度越来越高，业务水平不断提升，别人不想带的班级我来带，别人带不了的学生我来接。"一个人或许可以走得更快，但一群人能够走得更远。"我的经历，应该是这句话最好的诠释。

工作近 20 年，我几乎每天都在琢磨如何做好班主任，曾被撤掉班主任职务的"菜鸟"用 20 年时间实现华丽转身，走出了属于自己的独特的教育之路——《班主任》《新班主任》等多家杂志的封面人物，浙江省教育年度人物，出版《变出品牌班级》教育专著，收获了满满的教育幸福。

（作者单位：浙江省杭州市长河高级中学）

我的化茧之路

张立杰

人生路上充满着变数，你永远也无法预知在下一个转弯处会发生什么。

2015 年 9 月，对我来说真是个多事之秋。因办学布局调整，我由山上学校分到山下小学，由一名中学班主任成为了小学二年级班主任，虽然还是教语文，可是此语文不再是彼语文。记得最初听到这一安排时，我满脸的不可置信，嘴张得成了"O"型。一起下来的同事大多被分在了中学，而我却"沦落"成了小学教师，面对这样的反差，说不郁闷是假的。

第一天面对这 41 个孩子的时候，虽然已经有心理准备，可是我还是被吓到了。二年级的孩子，七八岁的年纪，满教室地疯跑，乱糟糟的一团。好不容易安排好位置坐好了，却又在座位上吵成一片，你根本听不到谁在说话，感觉全班孩子都在说，按下了这个，那个又冒出来，整个教室就是嗡嗡嗡的，一天下来，我头都大了。

我以为刚经过假期的缘故，过一段时间就会好转，可是一个星期过去了，这种情况愈演愈烈，41 个孩子只有六七个听课的，哪怕校长来听课，他们也依然故我。而我一边忙着讲课，怕落下进度，一边维持纪律，心力交瘁，一个班的课，却比原来教初中两个班都累。令我头疼的是班中一个叫小昱的男孩子，他就跟从没有上过学一样，从开学第一天，就没有像模像样地坐着听过一节课，身子在板凳上转来转去，手指是手枪瞄准扫射的样子，嘴里"嘟嘟嘟"，不停地发出声音。而最让我接受不了的是，他竟然不会写字，而且是一个字也不会写！如果不是亲眼所见，我也不会相信，一个上过学前班，又读过一年级的孩子会是这个样子！而班中和小昱类似的孩子还有好几个，只不过情况没有像他那么严重。

我头疼极了！这到底是怎样一群孩子？我真不敢相信他们已经接受过一年的教育！据知情人透露，这是一个"差班"，学生大多是周边农村转来的，没有接受过学前教育，是一个烫手的山芋。

怎么办？我陷入了两难。刚到这个学校，心里很想用成绩证明自己，但就目前状况，想短时间内出成绩不太容易，去和领导诉苦，反映班级的现实情况，然后调换班级？这条路貌似更行不通，因为我知道，自己已经没有退路，也没有选择的机会。我只能面对，我相信路的尽头，仍然是路，只要你愿意走。好班级好生源谁都会教，把差班差生教好才更凸显教师的能力，因为他们一点点的进步，大家都会看到会感受到的！

心动就要行动！"小张"老师的二年级班主任"四步走战略"正式开始实施。

第一步，走进学生。这包括快速记住学生姓名，了解基本情况、家庭背景，做到知己知彼，尽快拉近和学生的距离，让学生从心里接受我这个新老师。我决定从硬骨头小昱入手，我了解到他父母都在韩国打工，他吃饭白天在小饭店解决，晚上回到二姨家。通过和他二姨电话联系，大致了解了一些这个孩子的基本情况，他父母常年在外打工，陪在他身边的机会不多，作为留守儿童，正是需要父母呵护的时候，父母却不能陪在身边，他也许想用这种方式引起别人的特殊关注。所以，我试图一步步地亲近他，让他接受我，然后一点点调动起他写字的热情，我设置了一个比赛活动，让他和班级中另外一名比较慢的同学比，写字做题时看谁最慢，最慢的就是小蜗牛。我发现他对这很感兴趣，为了不当小蜗牛，他开始动笔写字，虽然字写得不太好，可毕竟他能写了，并且还有了一定的速度，能在我规定时间内完成作业，我想这就是进步。鉴于他下课经常和别人有肢体冲突，为了让他有事可做，我让他帮我扫扫地，发发作业，他很乐意做这些，非常高兴，一旦遇到不认识名字的作业本，马上过来问我，为此也认识了不少字。就这样，小昱一点点地进步，上课一点点地稳定下来，能坐住板凳了，能知道怎样上课了。他的转变，让我看到了希望，从而信心大增。

第二步，培养学生良好的行为规范。面对班级现状，我决定放慢脚步，先不着急讲课，先从规范学生行为习惯入手，让学生养成良好的学习习惯，不再自由散漫。因为纪律保证不了，课讲了也等于没讲，没有效果。我从营造班级文化氛围入手，让孩子在潜移默化中受到教育。我下载了《小学生行为规范歌》，还有动画版的小学生行为规范，每天进班后我就开始播放，学生不用刻意去学，天天耳濡目染，进而入脑入心，一点点地按照里面的内容去做。

第三步，军事化管理考核评比。针对学生自由散漫的风气，我设计了星级学生评比规则，让学生从工兵开始，一步步地向上进级，排长、连长、营长、团长、旅长、师长、军长，最后是司令，每获得十分就可以晋升一个级别，分阶段表彰，到期末再按级别进行奖励，让孩子们明确自己的努力方向，进而激发他们向上的动力。

第四步，全力打造书香班级。我打算利用一切空闲时间让孩子们读书，在班中形成浓厚的读书氛围，形成书香班级，让书香浸润孩子们的人生，让孩子爱上读书，所以我的班级名称就是书香班级，一旦孩子们养成了读书的好习惯，他们自然而然地会约束自己，"腹有诗书气自华"，这也是我的努力方向。

说事容易做事难，用闫妮的话就是"理想很丰满，现实很骨感"。我满心地希望自己的班级管理战略能立竿见影，快速见到效果，事实上短时间内孩子们确实有了一些改变，言行举止有所收敛，但在课堂上基本还和原来一样，不注意听讲，做小动作，随意说话。这个时候，我陷入了深思，我觉得不能再一味地埋怨孩子，而要从自身找原因，应该是自己的课讲得不生动，吸引不了学生，因为我还是用给初中生讲课的思维方式，没有放下身段蹲下身子去面对我的这些小孩子们，语言比较生硬，缺少亲和力。我爱孩子，这一点毋庸置疑，但仅仅有爱是不够的，面对学生，爱是需要智慧和技巧的。我回顾自己听过的同年级其他老师的课，还有自己在网上收看的优秀小学教师的教学视频，借鉴了他们好的做法，学习用孩子们喜欢的语言组织教学，如"小小手——放放平；小小脚——放放正；小小身子——坐坐直；小嘴巴——不说话；小眼睛——看老师"等等，在课堂上经常提醒孩子，比赛谁做得最好最快；同时利用孩子好胜心理，把抢答引入课堂，多设计一些基础题，让课堂充满了生机和活力；我的书桌上有了小红花粘贴和小奖品，适时给学生一定的鼓励；我的抽屉里有了手纸、本子、铅笔等孩子们常需用品，给需要的孩子提供帮助。我在一点点地学做小学教师，一点点地让自己变得细心起来。"山不过来，我就过去"，我不能一下子让学生达到我期望的高度，那我就降低自己的高度，让自己和他们平视，走入孩子们的世界。

纪律有了好转，课堂有了活力，学生有了进步，成绩有了提高。看着这些，我心头的郁闷也烟消云散，从最初的抗拒到现在的喜欢，我喜欢看到他们明媚的笑脸，喜欢听到他们稚嫩的声音，喜欢他们课堂上高高举起的小手。一路走来，孩子们在成长，我也在成长。

当小学班主任陪孩子成长是烦琐的，大大小小的事情都要考虑周到，有生病吐在班级的、有鼻子出血的，还有尿裤子的，每天要不停地说着同样的话。但陪孩子成长的过程又是愉快的，眼见得孩子们一天天变得懂事、开朗，班级也有了凝聚力，那种快乐是难以言表的，只有亲身体验过才会知道那是怎样一种乐趣！

我知道自己不是一名优秀教师，做不到一学期打造一个优秀班集体，到现在我的班级还只是一个普通班级，但我一直在努力，也一直在学习，学习做一个合格的小学班主任。

在梅洪建老师的微语建言里读过这样一句话："不论你在什么时候开始，重要的是开始之后就不要停止；不论你在什么时候结束，重要的是结束之后就不要悔恨。"我既然选择了开始，就要努力去营造精彩的过程。我曾如蚕一样把自己封闭起来，所以我期待自己有破茧而出的一刻，成蝶也罢，成蛾也罢，我相信只要有梦，终会有展翅而飞的时刻！

(作者单位：黑龙江省海林林业局第二中学)

行走在修炼的路上

管宗珍

　　著名的特级教师于漪曾经说过这样一句话："我做了一辈子教师，但一辈子还在学做教师。"于漪前辈的话，说出了我的心声。是啊，一辈子做老师，一辈子学修炼，修炼一辈子。

　　记得刚上班时，总是不自信，怕自己不受学生喜欢，怕自己管不住学生。

　　印象最深的是第一天担任班主任，上室外课时的情形：一到活动室，不等我发话，孩子们便四散开来，活动室顷刻间成了游乐场，他们有的在垫子上滚来滚去，有的抱着杆子派上爬下，有的自由组合追逐嬉戏，好不热闹。我扯起喉咙大声喊叫："站队，赶紧给我站好队！"可是，哪怕我喊破了喉咙，孩子们置若罔闻，就当我是空气似的。

　　我尴尬地站在那里，正不知如何办才好的时候，恰好有一位男老师从旁边经过，见此情形，"嘀——嘀——嘀——"随着几声有节奏的哨响，孩子们就像战场的士兵听到冲锋号令一样，刚才还乱成一锅粥，现在却立刻各就各位，排成两条整齐的队伍迅速站好。

　　"立正！"

　　"稍息！"

　　"向右看——齐！

　　"报数！"

　　随着一个个简洁明快的口令，孩子们像被施了魔法似的，变得井然有序，按照指令，行为规范。与先前随意散漫形成了鲜明的对比。

　　这一幕，让当时的我深深震撼。同样是一班学生，在别人那里是如此听话，怎么到了我这儿，就不听了呢？看来，四年的师范教育，到具体实践中还是远远不够的。孩子们第一天就给了我一个下马威。我暗暗发誓："我也要成为男老师那样会管理的老师！"

也正是这次经历，让我深深意识到我专业能力太需要修炼了。

自此，我便成天和孩子们泡在一起，每天坚持第一个到校，最后一个离校。在大量的接触中，我慢慢理解了孩子们，孩子们也渐渐喜欢上了我，变得越来越听我的话了，班风班貌也有了明显的变化。

靠着传统费力的"全面跟紧"，班级有了很大的变化。这个曾经没人敢接的毫无竞争力的"乱"班，经过一年的改造，渐渐成为行行领先的班级。不说孩子们的成绩蒸蒸日上，也不说三操流动红旗最后都像生了根似的长期驻扎在我们班，单说全校的艺术小人才比赛，我们一个班几乎囊括了所有的大奖，引起了全校的轰动。初出茅庐，就创造了一个校园奇迹，不得不让人刮目相看。由于孩子们出色的表现，一年后，这个班破例被评为了区先进班集体。

后来带班，更多的也是沿用"全面跟紧"式的带班策略。因为年轻，有的是时间和精力，班级也都带得不差，我也没觉得这种带班方式有什么不好。就这样波澜不惊地又过了好些年。

直到一个偶然的机会，我闯入了网络，进入了"教育在线"论坛。网络一下子打开了我的视野，我才发现天外有天，人外有人，才发现班主任工作真的是一门艺术。艺无止境，追求无止境，修炼无止境。

渐渐地，我从"全面跟紧"式的模式下解放了出来。我学会了理性思考，学会审视自己的工作，随时对眼前发生的事情进行评估，分出轻重缓急，理清重难点。

就拿日常管理工作来说吧，可大致分为"事务性工作""决策性工作""协调性工作"三大类别。事务性工作就是班级的日常事务，是一个班级中最平常、也最繁杂的基础工作。我把这些常规工作有计划地安排给学生做，实行班级自主化管理。我始终遵循这样一个原则：凡学生能做的，我尽量不插手。我做得最多的是尽可能地指导学生更多地参与集体事务管理，最大限度地发挥学生的主体作用；让自己尽可能少地卷进具体事务的处理，以保证最大限度地发挥自身的主导作用。

决策性工作是学生和班集体在一定时期的发展所做的规划，以及在具体的发展阶段中为实现发展目标所采取的措施、方法和手段。如，学校每学期初制订的计划，统领着每个班级一学期的重要工作内容和活动安排。每学期开展班级工作以前，我一定要仔细琢磨这项计划，把自己有限的时间和精力投放到学生所不能做或者难以做好的那些工作上面。

协调性工作是指拓展班级教育空间的工作。这些工作保障着班级工作和学校整体工作的协调一致，沟通统和着各方面对学生的了解和要求，使老师能够在更加广阔的背景上充分利用各种外部因素，促进班集体的建设，实施对学生的教育引导。

我平时做得最多的是协调好各科任老师之间的关系，协调学校和家庭之间的关系，有意识地将学校的教育目标、家长的培养目标、个人的工作目标以及学生的成长目标等集合在一起加以协调，最大限度地实现教育的功能。

我注重和科任老师、家长、学校、学生沟通，尤其是与家长的沟通。我开通了家长QQ群、班级博客、微信群等，保证信息沟通的畅通与多元，我还主动搭建舞台，开展家长讲坛、进课堂观摩、参与班会课、元旦包饺子、参观家庭昆虫展、举办长会、专题讲座等各种活动，影响、锻炼、帮助家长，提升家长素养和育儿水平。

通过一系列的活动，在促使家长成长的同时，也有效地促进了家长和教师、家长与家长、家长与孩子之间的真情互动与了解。让家长变身"教师"，在实践体验中，在参与活动中方能体会到老师的专业性，理解了老师的不易，更加尊重老师，信赖老师，进而成为学校教育的同盟军。

通过网络学习并在实践中我尝到了甜头。2006年，我创建了以"晓荷"命名的班级博客，通过经常更新、管理博客，记录师生的成长。渐渐地，晓荷博客成为见证师生成长的一部百科电子全书，成为武汉教育博客的品牌，乃至在全国都有一定的影响。曾被《中国教育报》以及各大媒体多次报道。

网络为媒介，促使我养成了学习、思考、写作的习惯。网络，常常能让我和很多教育专家"零距离"接触。我先后加入多个班主任专业成长团队，如全国班主任研究成长群、全国自主化管理群、班主任尖峰论坛群等班主任专业成长研究群。在这样的团队中学习、交流、碰撞、成长着，在群里通过读书交流活动、撰写书评、话题研讨、主题研修、完成作业、视频讲座等活动，在碰撞交流中，在互动分享中，促使自己不断"向青草更青处漫溯"。

就这样，专业修炼让我从多方面发生了蜕变，先后被特聘为省、市专家团成员。引领着省、市班主任团队成长。

目前，我还带领了两个专业的工作室，一个是"晓荷工作室"，我以课题研究为抓手，带领工作室团队的老师们，开展了丰富多彩的活动，通过撰写教学叙事、开办班主任论坛、聘请专家讲座指导、精读一本书、集体备课和外出学习等不同途径，促使岗位成员逐步从经验型向科研型转变。这个团队曾被武汉市教育局评为"教书育人示范岗"，今年又被评为"武汉市工人先锋号"。

另一个是新成立的"年度教师管宗珍工作室"。

我把两个工作室资源进行整合，针对班主任都很忙，又分散在不同的学校，难以集中等客观条件的限制，通过前期的问卷调查，了解老师们现有的发展状况和作息时间后，确定了每周四上午三四节课为我们团队网络研修的固定时间。以三年发展规划和工作室年度计划和学期计划为蓝本，结合省德育课题研究内容，我们定好了人人都轮流主持，人人都围绕相关主题开展专题研究，人人参与碰撞交流互动等专业练兵活动，每次活动，都有专人考勤，专人记录，专人总结，专人报道，让每次的网络研究富有实效，让每位团队成员在这样的专题研讨中提升专业能力，让人人形成鲜明的带班特色，成为各个学校的领头羊、辐射源、影响更多的老师们……

班主任是个杂家，需要与时俱进，在修炼专业能力的同时，也需要在生活的方方面面修炼自己。有一句广告词说得好——没有最好，只有更好！

人生是一场修炼，行走在修炼的路上，且行、且思、且歌。

（作者单位：湖北省武汉市东西湖区吴家山第三小学）

一位草根班主任的坚毅成长之路

陈振峰

我毕业于平阳县第二中学，由于高考失利，没能进入大学。通过自学考试，取得专科、本科文凭，自费完成浙江师范大学课程与教学论（语文）专业研究生课程。我是一个起点很低的班主任。

班主任被撤

2006年9月21日下午，值日生黄同学把班里崭新的垃圾桶连同里边的垃圾扔到学校垃圾池。第二天早上，我找到并洗干净该垃圾桶，把它放在讲台桌下。当我耐着性子俯身询问黄同学垃圾桶去向时，黄同学"哼"的一声，站了起来，冷冷地说："你叫我倒垃圾，又没有叫我拿回垃圾桶！"由于我没能控制好情绪，竟然当着全班同学面，砸了崭新的垃圾桶。就在垃圾桶落地瞬间，教室寂静得可怕，我真切听到一句让我后背发凉的嘀咕声"砸我们垃圾桶！"一个月后，学校进行班主任问卷调查，我的学生满意率全校最低。

2007年8月29日，为了迎接新学年，我和几位学生一起冲洗教室，擦亮门窗。第二天，学生来校报名，我也去了。当我走到教室门口，发现红纸上写的班主任竟然是其他老师。学校没有提前通知，领导没作任何提示，一心还想当班主任的我，对于这一变故，犹如当头一棒，蒙了。直到一位学生喊："老师，你干嘛不当班主任啊？"

主动学习

费用自理，全程参与。2010年9月，当我得知"温州市黄友上名班主任工作室"招收学员时，我想"春天"到了。当我仔细阅读文件，发现学员申报需要条件，要具备县级或市级"三坛"或市级骨干，可我连县级骨干也不是。看我焦躁不安的样子，黄友上老师接纳了我，给我的名分是工作室外编人员、工作室第二梯队。由于文件里没有我的名字，所以每次外出活动，功课自己安排，费用自己打理。2010—2012年，共18次外出培训、学习，我没落下一次。

争取培训，用尽洪荒。2015年1月，当我收到平阳县教育局发来的"温州市第二期骨干班主任研修班"培训短信时，我第一时间给学校教科室郑主任打电话，希望得到领导支持。一个月后，主任回复说不行。原因是我去年已经参加了一个90学时培训，不能把其他老师的名额拿走，否者，其他老师怎么办？我想，听领导的没错，但是，当天晚上我却怎么也睡不着。

第二天一大早，我就敲响校长室大门。校长回复与主任一样，还是不行。我提三个理由：其一，这次培训是县教育局短信通知我申报的；其二，我真的想参加专业化班主任培训；其三，学校可以砍掉我原先申报的县内三个培训。这回，我们校长没有拒绝，他说："让我们商量再确定。"最后通过了。

创造条件，积极取经。2015年5月30日上午，在文成县参加温州市第二届中职班主任工作研讨会。中午十一点半，活动即将结束时，我得知当天晚上七点钟，温州职业中专邀请李迪老师指导班会课方案设计，我想机会难得，我要去蹭学。晚上六点四十五分，我提前到温州职专大会议室，还受到雷学远副校长表扬："平阳二职陈振峰老师上午在文成学习，晚上又赶到这里学习，真好学。"对于外出学习，我是这样认为的：有条件的，积极参加；没有条件的，创造条件争取参加；真的没条件的，去了再说。

携带装备，用心感悟。每次外出学习，我都会带上相机、录像机，提前抵达活动现场。活动期间，我除了在笔记本上紧张记录简要过程，圈出闪光之处外，还人前人后不停录像或拍照，生怕漏过某个动人场景或精彩瞬间。同时主动收集相关课件或我认为重要的其他教研资料，以供承办单位或学校教科室、政教处使用。如2010年4月3日上午，温州市名班主任赖联群在南雁镇小作《如何说好主题班会课》专题讲座。我先拍下讲座视频，回家结合笔记整理视频内容，最后初步形成主题班会说课流程。

写作开博

在导师黄友上严谨的治学态度与令人敬佩的工作激情感召下，我们开始走进教育教学理论。让学习和研究成为自己的工作方式，让感恩互助成为教育生活的常态。

开设教师博客，交流教育理念。2009 年 12 月 3 日，我加盟水头教师博客，开设"不闻窗外事"空间。在欣赏、学习、吸收博友精神瑰宝同时，深刻反省自身的孤陋与寡闻，同时也试着耕种自留地。我把对职业教育的困惑与惊喜逐一流淌在自己博文里，如《这也是一种美丽》《家访，让我心酸让我痛》等。

走近温籍名家，分享教育思想。我们怀着对温州近现代教育名家的崇敬之情，带着对教育深沉的问号和追寻的理想，在灿若星辰的温州历史文化长河中，先后整理出八位引领温州文化发展方向的时代巨擘教育思想。为此，我们拜访了温籍作家胡小远、陈小平，温籍学者周梦江，全国优秀班主任周立君等专家，深入地去参观了解周行己等八位教育家故居。由于南宋的周行己历史久远，故居无存，且所留材料甚少，我们走访蝉街、信河街、华盖山、松台山长者，深入瑞安市博物馆、温州市图书馆，终于初步理清其教育思想。其中我执笔的《南宋大儒叶适教育思想探微》《清代大儒孙诒让教育思想探微》《苏步青教育思想探微》《南宋永嘉学派先驱周行己》四篇，均发表在《温州教育》上。

加盟"蟠桃网"。蟠桃网，是全国最大民间志愿者团队中国教师俱乐部的网上活动平台，其内容大多是来自一线的草根作品。应蟠桃网创始人裴年忠先生邀请，我先后任全国班主任旗舰 QQ 总群管理员、中国教师俱乐部中职旗舰整理长、蟠桃网"灿烂中职"版主、中国教师俱乐部常务秘书长，同时负责每日分享板块"峰言峰语"栏目。

我特别珍视在中国教师俱乐部 QQ 群里整理"专家讲座"的日子。作为文字整理人员，我一直把自己看作一位有幸在梨园幽处捡梨子的快乐孩童。我们所整理的是成熟丰腴、棱角分明、闪光发亮的思想阳光，所分享的是来自教育原野、历经思想撞击洗礼的芬芳雨露。

传递正能量

中职学生家长对孩子要求不高，且容易满足。每次接过新班级，我都会默默关注学生点滴闪光细节，并记在班主任工作手册里。如学生进办公室会敲门或喊报告，出办公室能顺手关门；上课能认真听讲，或主动发言；能帮助他人打扫卫生，或帮助生病同学打饭、端菜等。

周五下午放学后，估计学生该到家了，我便逐一给家长打电话，反馈学生上述表现。假如学生名字叫小张，我第一句是："你好，我是小张的老师，小张到家了吗？"家长一般回应是："小张到家了，我小孩在学校发生什么事啦？"我说："根据这两个星期观察，小张表现不错，他做到了……"最后，我总会补上"感谢你良好的家庭教育"。有的家长马上说"老师，你来家访吧！"

每当学生获奖或受学校表扬，我总会在第一时间邀请任课老师与班级学生一起到该生家报喜、送奖状，让学生家长与邻居共同分享孩子成长的幸福。同时满足学生渴望得到积极评价的心理需求，有利于强化中职生进取精神和良好的个性培养。实践证明，让家长传递正能量，可以达到事半功倍效果。

沉淀提升

当我明白论文与课题是我们自身教育实践的总结和反思，是对教育现象与规律的观察与思索的升华后，我开始静心梳理以往教育教学点点滴滴。基于学生表现活动梳理而成的论文《中职生表现教育活动的设计与实施的实践探索》获温州市一等奖，《中职德育课教学生活化的实践与思考》获浙江省二等奖。承蒙领导厚爱，我有幸在温州市教师教育院、温州市教育教学研究院与温州市职业教育研究会主办的大型会议上，作《知行路上、幸福满满》《研修路上，风雨兼程》《一个"后进"班主任的专业发展》等经验分享。

近五年，我先后荣获浙江省省级优秀教师暨浙江省农村教师突出贡献奖、温州市首届骨干班主任、温州市第四届教坛中坚、温州市第五届新闻奖教金、平阳县名班主任、平阳县优秀高级人才等荣誉。伴随着学生进取精神和良好个性的形成，我不断体验到职业所带来的快乐与幸福，同时也收获了属于自己内心的一份宁静。

(作者单位：浙江省平阳县第二职业学校)

赢在坚持

纪继兰

"坚持，坚持，一定要坚持，教育的行走无所谓早晚，只要努力走下去就可以化腐朽为神奇。"这是一位网友在看了我的一篇关于坚持的文字后给我的留言，甚是喜欢。是啊，不成长的理由千千万，通向成功的路却只有一条，那就是坚持。只有坚持，不断地坚持，才能逐渐缩小与优秀的距离。只有站在出口的人，才能离阳光更近。

只有坚持，才能等到花开

我绝对不是一个特别聪慧的人。从小学到初中到师范，每一个阶段的起始，我都不是班里最出色的孩子，但每一个阶段的结束，我却都是坚持得最好和最漂亮的那一个。步入工作岗位，我又把骨子里的这份韧性贯穿始终。

分配的第一年，我便执教一个班的语文，当起了班主任。那时候的这个班主任当得含金量不高，全靠耗时间来维系，却也误打误撞取得不错的效果。头三年顺风顺水，所带的班级不仅语文成绩年年全镇第一，孩子们也在各项活动中拔得头筹，我这个新分来的小小师范生一时在那个偏远小镇声名鹊起，不禁洋洋自得起来。

三年后，带着雄心壮志来到县城最好的小学，满以为会继续春风得意，没想到不久便受到重创。这些城里的家长都用一种有色的眼光看我，我的班级出现了传说中的一幕：家长纷纷去校长那里吵闹，要把孩子调离我这个从乡下来的丫头片子的班级，结果剩下的都是些"无关系"人家的孩子。我就守着这群留下的孩子，为了他们，也为了我自己。留下的孩子和家长当初情绪波动也挺大的，好在我很倔强和坚强，我要证明给他们看，留下不是一个错误的选择。陪伴算是那些日子我对孩子们最长情的告白，我不仅牺牲大量课余时间抓他们的学习，还多次利用自己的特长向学校主动请缨，争取和创设机会让孩子们展露于各种级别的舞台，以期培养他们的自信和班级自豪感。上天绝对不会辜负努力的人，渐渐地，我这个家长眼中最不值得信赖的班主任，带着这个在别人眼里最不被看好的班级坚守了三年，不仅在毕业考中教学成绩取得全县质量抽测的第二名，在我的指导下，我班的孩子们还为学校捧回了一个接一个省、市级荣誉，辉煌的成绩，也让那些当初离开我们班的孩子和家长懊悔不已。

只有坚持，才能提升自我内涵

虽然靠着我的坚持与勤奋获得了这些小小的成绩，但我深深地明白：一个人如果不加强学习，总躺在过去的功劳簿上，迟早会栽跟头。更何况现在当班主任越来越成为一门"技术活"，仅仅靠耗时间来维持是绝对走不远的，也只会渐渐地掏空自己的精力和身体。只有不断丰盈壮大自己，才能更好地引领我的学生走向未来。这已不是那个给学生一碗水，自己只要有一桶水的时代，我必须让自己成为永远不停涌出的清澈泉水，去浇灌出更加鲜艳夺目的花朵。

永远记得那卫生间的圆梦之旅。成为一名大学生一直是我的梦，既然无法成为全日制的本科生，但我还是有自考这条路，而且要报就报最难的大自考。那时候孩子刚出生，家里条件又不好，一家三口蜗居在一间二十平方米不到的房子里，好在有一个独立的卫生间。每当夜幕降临，忙完家务，先生抱着孩子在客厅兼卧室玩，我就躲进卫生间看书，先后用了五年的时间连续拿下了自考大学专科和本科文凭。当我拿到印着烫金的"春华秋实"证书的那一刻，不禁喜极而泣。向先生略带骄傲地自嘲：厕所里氤氲出来的大学生普天下恐怕也只有我一个人了！

接下来我又开启了我的专业阅读与写作之旅。我一边借助书籍的力量学习他人管理班级及教学的经验，一面在自己的班级里默默实验。等到万家灯火，辅导女儿学习结束，我便正式开始了自身成长，我深知八小时之外才真正能拉开人与人之间的差距。因为阅读《班主任之友》这份优秀的刊物，我开始进驻"班主任之友·教育论坛",辟一席地,搭一凉棚,每天将班级里、教学中发生的鸡零狗碎记下来,几年的坚持,我已经码下了五六十万字。

只有坚持,才能吸引贵人前来

量的积累终于促成质的飞跃,我的一篇篇文章开始见诸于全国各大权威教育期刊。五六年的时间里,其中一个主题帖的点击率已突破156万人次。我还有幸成为了"班主任之友·教育论坛"的版主,多次被评为该刊的优秀作者和优秀版主,还和《班主任之友》这份全国响当当杂志的编辑成为了朋友。

渐渐地,开始有一些编辑主动向我约稿。慢慢地,县里、市里乃至省里的领导、专家开始注意到我,他们主动给我电话,给予我无私的鼓励和支持。甚而那些平时令我这一介小小草根高山仰止的,全国著名的班主任研究领域领军人物,诸如张万祥、郑学志也逐渐步入我的生命里。他们甚至是帮我解决了难题,却不让我知道的,只为不给我任何压力和心理负担;只要是觉得对我有利的信息,他们会马上告知我,鼓励我积极参与争取;在我参加某项比赛中发挥失利,倍感颓丧时诚挚鼓励,他们叫我不要泄气;并尽他们所能地把我推向更宽广的平台,让我的生命更加优美地起舞……

我常常想,我何德何能,有幸入了这些我心中神一般存在的大咖和领导的眼。我唯有更加努力坚持,做得更好才能不负他们对我的殷殷期望。而这,又再次造就了良性循环,吸引了更多的贵人来到我的身边。

只有坚持,才能与优秀者同行

"你是谁不重要,重要的是你和谁在一起。跟着富翁赚百万,跟着乞丐会要饭。你和什么样的人在一起,决定你将拥有什么样的人生。"这样的言辞相信我们都耳熟能详,关键是,你得搞清楚自己想做富翁还是乞丐啊。物以类聚,人以群分。你想与优秀者为伍,必须自己先成为一个和"优秀"能沾上边的人,才有资格与人家同行不是?

我是一个要么不做,要么就要把事情做好的人。既然选择了当老师,我就要当好,必须不断地修炼内功,不断地让自己的今天比昨天优秀一点点,才能离我心中那些神一般存在的教育专家们,距离近一点,再近一点。

所有的付出都不会白费，所有的坚持都不可能一无所获。在"班主任之友·教育论坛"这个群贤汇集之地，我认识了一位位班主任领域里的精英。全国著名班主任、德育特级教师张万祥，全国知名班主任郑学志、李迪、钟杰、王莉、覃丽兰……他们个个了得，仅仅专著就出版了好几本甚至数十本，令我辈叹服不已。我虽不才，却也因为这股子韧劲，逐渐获得他们认可，不断和这些被称为"教育的疯子"的一群人每周一晚"不见不散"，网络研修到深夜。不断跟着这些教育大咖走南闯北，也敢从安庆这座小城走向湖南、湖北、河南、云南等全国各大省市分享自己带班与教学经验，居然也收获了一批属于自己的粉丝，这是以前做梦也没有想到的事儿。

只有坚持，才能不断地体验和增强职业幸福感

不断地坚持付出，回报也就愈来愈多。有些时候，外界的认可是促使我们继续前行的动力。这种认可还能让我们体验到无比的职业自我认同与自豪感，而这种感觉又反过来会增强我们坚持的信念与勇气。

因为努力和坚持，我逐渐被越来越多的人所熟知。现在，每次接手新一届学生，总会有大批的家长托关系说人情要把孩子放到我的班级，回想十多年前那次家长闹着要把孩子调出我班的伤痛还历历在目。如今，我已完全获得学生、同事和家长的认可。孩子们说我是他们心目中的"女神"，家长则由衷感叹："我把孩子放你手里就放心了！""金杯银杯不如家长的口碑"，这种幸福的体验只可意会不可言传。

因为努力和坚持，近些年我先后被评为市语文学科带头人、班主任研究带头人、专家组成员，安徽省首届中小学教师培训专家，江淮好班主任等。执教的主题班会获得市、省乃至全国一等奖。2015 年 10 月，我还拥有了以自己名字命名的名师工作室，带着一群追梦者抱团成长。2017 年的"女王节"又正式拜入恩师张万祥名下……想想这些，小小的心里溢满了幸福和快乐！

莫忘初心，在你想要放弃的那一刻，想想当初为什么坚持走到了这里。只要坚持，属于你的都会如期到来。

（作者单位：安徽省怀宁县独秀小学）

从"栽跟头"到"锦囊妙计"

刘振远

八十年代初，我从学校毕业，被分配到中学当老师，并担任班主任。为了让我尽快成长，学校还请一位老班主任做我的师傅。我心里暗暗发誓，我要当全校最好的班主任，我的班要成为全校最好的班级。

上学时，老师教给了我们很多教育理论和班主任的工作技巧，我凭着学到的知识和激情，单纯地认为当班主任简单，我班的工作一定会有条不紊，成为学校的先进班级肯定顺理成章。哪想到，时间不长，我就栽了个大"跟头"！

学校附近的一个村准备绿化一块山地，需要测量山地面积，本来村里想请几位老师帮忙，我向校长申请，由我率领学生完成这个任务。我的出发点一是让学生理论联系实际，因为要测量的地块形状不规则，可以充分发挥学生的聪明才智解决问题，二是让学生体会劳动的乐趣，培养热爱劳动的品质。校长同意了我的请求，同时做了一些强调。

争取到任务以后，我挑选了十名身体素质好、学习成绩棒、组织观念强的学生，还进行了"培训"，我以为自己的准备工作没有一点纰漏。

那是个星期日，早上八点多，我们就到了山上。那天，骄阳似火，由于劳动强度大，还没到中午，带来的给养就用完了。看着学生疲惫的样子，我很心疼，就让大家先休息一下，等待村里送来给养。哪知道，就在休息的间隙，学生惹祸了。几个学生趁我不注意，到附近的果园里摘了一些苹果回来，被人家发现，追上山来了，我赶紧上前赔礼道歉，可人家不依不饶，非要赔偿不可，怎么解释也无济于事，我只好打掉门牙肚里咽，自认倒霉吧！这样一折腾，大家兴致全无。我组织学生草草地完成任务交差，没想到，更大的麻烦还在后头!

第二天，闯祸的一名学生没来上课，家长找到学校，要求学校带孩子看病。校长找到我，我简直要崩溃了，因为我有冤无处诉！怪学生，学生年龄还小；怪果农，人家遭受了损失；怪家长，是老师组织的活动，想来想去，只怨自己，谁叫你出风头主动请缨？谁叫你是班主任啊？

全体教师大会上，校长宣布处理决定：我组织不当，给学校造成了不良影响，需在会上检讨。

我感觉天旋地转，像掉进了冰窖，寒风刺骨，周围一片漆黑，没有一丝光亮。我决定，辞掉班主任，再也不干那个受累不讨好的活儿了！

躺在宿舍床上，我想痛哭，让泪水冲刷心中的烦恼，但我欲哭无泪，我想大睡，让昏睡掩埋心中的痛苦，却是噩梦连连。迷迷糊糊中，似乎有人在叫我，"老师，老师……"我睁眼一看，正是那几个惹祸的学生，整整齐齐地站在床边，低着头，有的在抹眼泪，还有一个学生哭出声来，"老师，我们给你找了麻烦。"另一个学生走上前，拉住我的手，"老师，听说你要不当班主任了，我们都不想上学了，我们赔人家的钱行不行，你还回来吧！"这时，我的师傅走了进来，上前摸了摸我的头，"我这几天有事没在学校。刚听说，就赶来看你，这么点小事就这样，将来的风风雨雨多了，还怎么生活呀，都没学生坚强，还配当我的徒弟吗？"我的眼泪忍不住"唰"地流了下来，那是感动的泪水，师傅关心我，学生安慰我，我还有什么理由不振作起来！接着一咕噜从床上爬起来，抹了一把眼泪，"师傅，您放心，我没事，同学们，咱们回班里！"

那天放学后，师傅请我去家里吃饭。师傅首先表扬了我"抢"任务的勇敢，然后又帮我作了分析，光凭激情而缺乏精细的安排，有了问题又不能灵活应对，透过这个事故，提醒我对所有的教育问题，既要注重细节，更要注重管理的"招数"！

那以后，每逢遇到困难的时候，我就想起了在我处于低谷的时候给我指明方向的师傅，想起既给我闯祸也支持我的学生，感谢他们让我学会坚强，帮我从逆境中挺了过来。那个"跟头"时刻提醒着我注重研究教育的新方法，新"招数"，在教育管理中，这些新"招数"帮我解开了一道道教育管理的难题，其中的两个案例让我记忆犹新。

学生小永的父亲犯罪被判刑，小永的母亲没有文化，家庭的变故使得她更加溺爱孩子，逐渐使孩子步入了歧途。抽烟、喝酒、打架成了常态，来到我班上时，小永已经滑落到了危险的边缘。老师的劝说和教育，根本就不起作用。我从小永的母亲那里得知，小永自小与父亲关系密切，父亲的话对他很有效。于是，我大胆决定去探监，起用他的父亲用现身说法和亲情教育小永。因为我知道，教育小永，必须使用没有尝试过的新"招数"。

经请示联系后，我带着小永和班长去探监。父子俩抱头痛哭了一场，父亲嘱咐孩子要听妈妈的话，听老师的话，接受自己的教训，学好本领，做一个对社会有用的人。

探监果真有了意想不到的奇效，小永逐渐变成了一个受大家喜欢的学生。

特殊的"招数"收获了特殊的成功，这个案例告诉我，想新招，出奇兵，就会有奇效，这在学生小奇身上体现得也很明显。

小奇由于受到学校处分。致使他对老师耿耿于怀，动辄针锋相对。为了帮助他认识错误，我尝试与他交流，但由于他对老师存有戒心，交流常常成为我的独角戏，沟通一时陷入僵局，我思考着新的策略。

一个偶然的机会，我从其他同学处得知，小奇有钓鱼的爱好，而且技术不错，我灵机一动，沟通何不由此下手？一天，我在班上说："老师很喜欢钓鱼，可惜技术欠佳，常常空手而返，咱班谁是钓鱼高手，我就拜谁为师，跟他学钓鱼。"大家把手指向小奇，我双手向小奇一拱，"师傅在上，受徒弟一拜！"教室里爆发出一阵欢笑。见到同学们用羡慕的眼光望着自己，小奇脸红了，露出了久违的笑容。

一个周六，我让几个同学叫上小奇去钓鱼。我拿出徒弟的样子，向小奇请教如何炒鱼饵，在什么地方下钩才能钓到鱼，怎样才能知道鱼在咬钩，怎样甩杆才能不使鱼脱钩等等。小奇也真像师傅那样告诉我哪种鱼特傻，容易上钩，哪种鱼最狡猾，吃掉了鱼饵却又逃跑了……眉飞色舞，滔滔不绝，纯真的孩子又回来了。后来小奇告诉我，那次钓鱼是他钓鱼经历中最高兴的一次，那天是他上初中以来最快乐的一天。

那次钓鱼以后，小奇与我的接触渐渐多了起来，见了老师不再局促不安，并且能够回答我提出的问题，心里话一点点开始向我说，沟通开始了，教育的契机也随之出现。我体会到，与小奇的沟通直到他的转变，真得益于我双手一拱当了他的徒弟。

我从这个案例中受到启发，教育需要沟通，沟通需要恰当的方式，而给学生当徒弟就是最好的方式之一。我根据实际需要，请班里好多学生当我的师傅，师徒之间有真情，这些学生都跟我感情融洽，无话不谈，我也在与他们沟通的同时帮助他们改掉了很多不良习惯，处理了一些棘手问题。

另外，我用竞选的方式组建班委会、以给家长过生日的方式进行感恩教育等新"招数"，都收到了很好的教育效果，并在全校推广。

时代在发展，班主任必须想别人不敢想、尝试别人不敢尝试的新思路、新"招数"。如今，我好像拥有了一个神奇的"锦囊"，不断地拿出让学生感到新奇的"妙计"，学生都很崇拜我，期待着我带领他们演绎更多"意外"的精彩，这更鞭策着我不断地学习、思考、尝试和积累，让我"锦囊"里的"妙计"更加丰富而有实效。

当年那个"跟头"，今天看起来也许根本就不该"栽"，激情没有错，但支撑激情的应该是严细的管理和最佳的教育方式，好在年轻"没有失败"，关键是跌倒后能爬起来。没有等出来的精彩，只有干出来的辉煌。担任班主任二十二年，我坚定地朝着既定的目标前进，再难管的班级我不退缩，再难管的学生我不畏惧，努力研究教育新"招数"，用一把钥匙打开一把锁，一条"妙计"解决一个教育问题，曾有过遭遇挫折的迷茫困惑，也有过走出迷宫的豁然开朗，更多的是享受成功的快乐与幸福，直到后来，我逐渐成长为学校班主任之中的佼佼者，被评为承德市"模范班主任"，我用努力成就了当初的梦想，我庆幸当了班主任，我感谢当初那个刻骨铭心的"跟头"。

（作者单位：河北省承德县特殊教育学校）

喜欢学生，让我喜欢当班主任

全　斌

就你，还当班主任

1993年8月底的一天，我欣喜若狂的从德育副校长的办公室里跑出来，因为我知道我就要接任初一（3）班的班主任了，可就在这个时候，一位年纪比较大的平常对我特别关心的老师拽着我说："小全啊，就你，还当班主任啊？"

是啊，就我，还当班主任？

当时刚刚二十出头的我，看上去还是那么年轻。就在送完上一拨初中毕业生接任高一班主任时，在我和班上的一群学生在校门口交流班级情况时，还有家长很不给面子地嚷道："都放学半天了，你们怎么还在学校门口磨蹭，还不赶紧回家。"现在想来还是尴尬！为什么呢？不就是年轻嘛，不就是看起来嘴上无毛，让人觉得办事不牢嘛！

知道是我接任初一（3）班班主任的时候，很多有点门路的家长都托学校老师或领导把自己的孩子从（3）班给调走了，毕竟我太年轻，毕竟我是刚毕业一年，第一次当班主任，毕竟我还是一生物学科教师，不是所谓的主课教师……

这不怪家长，其实就是学校不是也不放心我当班主任吗？我一参加工作，就强烈要求当班主任，可是由于自己普通话不怎么合格，又那么年轻，学校也不是太了解我的情况，种种原因学校第一年就没有安排我做班主任。第二年，也是我再三强烈要求，德育副校长给我做半天思想工作，才答应让我试一试的，要不对我那么好的老教师怎么会来一句"小全啊，就你，还当班主任啊？"

当时听了那话，心里真的非常难受。

可是，我就是喜欢当班主任，就是想当班主任啊！

怎么办？我心中憋着一股劲。

抓住一切机会去学习

于是我抓住一切机会去学习，不断丰富和提高自己的专业知识水平，关注所教学科发展的新动态，尤其是如何做好班主任方面的专业知识，利用各种渠道搜集信息。

从那个时候开始，我每年都要花好几百元订购一些关于教育方面的报刊，从《班主任之友》《大众心理学》到《人民教育》《中学生物学教学》……我如饥似渴地阅读着各类有关教育、教学的书刊；我经常流连于书店，让自己置身于书的海洋；在我家中，书是我全部的财富，我收集整理的摘抄本，剪贴本，心得本就有好几摞。同时，我还不断向同年级的其他班主任老师学习，向学生们学习，向家长和社会学习……

记得是带这个班差不多到初二的时候，男女生之间开始有不太正常的交往现象出现。一次找来学生做工作的时候，学生竟然说："没法跟您说，有代沟。"

那时候我也才二十三四岁，这初二的小屁孩竟然说我和他们有代沟，太伤害我了吧！没过多久，我就开始自费订阅了《青春与健康》《少男少女》等杂志，我就想看看这时候的孩子到底都想些什么。结果发现，自己的想法其实和当时的孩子们也没什么差别啊，为什么孩子会这么说我呢？

慢慢地，我意识到，哪怕我一毕业就当班主任，而且就算是和孩子们岁数基本一样的高三班主任，孩子们也得说我和他们有代沟。为什么呢？因为一当班主任，肩上就有了责任，这份责任有时就使我们不得不像孩子的父母一样去唠叨他们，去提醒他们，去督促他们……

用示范去引领学生

初当班主任，即使看再多的书，和再多的老师交流，你依旧是班主任队伍中的一枚"菜鸟"，但年轻班主任的优势是有精力、有时间，没牵没挂的，而我恰好又愿意、又舍得花时间和精力去陪伴这些孩子。现在看来也还是有一些好处的：陪伴是最长情的告白嘛！

陪伴孩子们的时候，我有一个最朴素的想法：我这不总是和你们在一起嘛，学校、年级、我这个班主任要求你们做到的，我自己首先做到，并且比你们做得还好，看你们听不听我的。

所以我从不迟到早退，往往每天都要比学生早到十几分钟，和他们一起锻炼，一起打扫卫生，一起自习。由于学校面积小，学生多，那时候校园内是禁止学生骑自行车的，于是我就总是推车走进走出校门。要求学生尊重国旗国歌，我每次升国旗的时候都会认真地行注目礼，和孩子们一起高唱国歌；要求学生去享受学习的快乐，我就首先把工作视为最快乐的事……

慢慢地就有人开始问我："你的学生为什么总是那样的懂事，那样的让人省心，那样的知道心疼老师呢；为什么在小学那么差的学生到了你的班上也有了大幅度的转变和提升呢？"

其实当时我自己也不太清楚究竟是为什么，后来才慢慢明白也许我是在用一种精神的力量对学生心灵的塑造、精神的充实做一种自觉而又自然的引领吧，这不也正好体现了身教重于言教的力量，也正好印证了车尔尼雪夫斯基所说的"教师希望把学生造就成什么样的人，自己就应该是什么人"吗？

第一拨学生初三毕业以后，有家长这样对我说："我当时也惦记着把小孩从您班转走，可惜没转成，现在看来，幸亏没转走啊！"听到这话时，我顿时觉得所有的辛苦都没有白费，所做的一切也都值了。

用真诚的关注赢得学生

"全老师，您好！我是不是这段时间做错了什么啊，为什么您最近好像不怎么理我了，不冲我乐了，是不是不喜欢我啊？"

这是我一直珍藏着的一张字条，是我带的第一拨高一学生张某夹在作业本中给我的。当看到这一纸条的时候，我非常诧异，心里也一阵难受：为什么我一点感觉都没有啊！

我连忙跑到班上，把他悄悄叫到一边。一了解才知道，他感觉上课时老师和他之间的眼神交流似乎不够，似乎和别的同学不太一样，就有了这样的想法。说句真心话，当时我真是没有想到，我心中一直很优秀的孩子怎么会有这样的感觉。

我微笑着轻声对他说："你怎么会这样认为呢？你可知道你在我心中是多么的优秀，我怎么会不喜欢你呢？确实，我可能上课对你关注不够多，可是那主要是因为你太好了，让我放心啊……"听了这话，他高兴地离开了。一直到高考他的各方面都表现得非常好。

还记得我写在成绩不太优秀的高某同学试卷上的一句话：我相信你的学习会像你在运动会上的百米冲刺一样跑到同学们的前面。出乎意料的是，我不经意间写的这句话竟然极大地提高了她的学习兴趣，后来她如愿考上了大学，在大学表现也相当不错，每到任何一个节假日，她都会发来温馨的短信，并反复告诉我那句话对她有多重要。

这样的事情还有很多很多，每每遇到都能深深地触动我、震撼着我，同时也让我明白了育人于细微之处的道理，让我深切地感受到赏识对于学生究竟有多重要！

慢慢地，在我的教育教学实践活动中，我开始一改往日的"潇洒豪放"之风，开始用心关注每一个眼神，每一个手势，每一句话语……

收获学生满满幸福

自习课上，我常常会久久地看着自己的学生，我知道，就是因为有了学生，校园里才有笑脸、笑声、笑语，每天看着那些天真澄澈的眼神，每天听到"老师好"这样一声声仿佛不经意间的温馨问候，都会让我温暖如春，幸福不已。

当我读到学生的来信：作为一名老师，您不仅教给我们知识，还教我们做人，您知道吗，以前我是一个很坏的孩子，吸烟，打架，去机厅玩游戏……高中如果没有遇到您，我想我也和其他的坏孩子一样。是您改变了我，想想真是好玩，一个初中让老师头疼的学生，到您这儿居然没脾气了，可能是您的认真，您的人格，您的真情感动了我吧……此时，我又怎能不感到无比幸福呢？

当除夕之夜钟声敲响时，我收到学生特意给我发的短信：请您望向天竺的天空，如果您看到了美丽的焰火，我要高声告诉您"那是我为您而放"。此时，我又怎能不感到无比激动？

当我读着学生的毕业留言："在开毕业典礼的时候，在每位领导说最后一句话的时候，在您拿起话筒深深地给我们鞠了一躬的时候，在您说想吃什么就吃什么，想干什么就干什么的时候，我怎么也忍不住泪水的流下，因为我知道，我再也听不着您的讲课，感受不到您的关心，您的管束，您的爱了。"

此时此刻，我止不住泪水盈盈，我知道学生就是自己一生中最大的财富。

此时此刻，我知道，我，就我，还就是喜欢做这个班主任！

（作者单位：中央民族大学附中）

教育，就是牵一只蜗牛去散步

郑光启

相信很多教师都看过《牵一只蜗牛去散步》这篇文章，它告诉我们一个道理：教育学生，有时候就是牵一只蜗牛去散步。作为教师，我们确实应该放慢脚步，陪着学生一起成长，静待花开。

心中的痛：一味地催"蜗牛"快点

然而，我刚走上教育工作岗位时并不懂得这个道理，没有考虑到"蜗牛"的实际情况，只知道急功近利，一味地催着"蜗牛"走快一点，成为我心中永远的痛，一直懊悔不已。

学生欢欢是我亲戚的女儿，她原先就是一个问题学生：抽烟、喝酒、逃课去网吧、打群架，甚至在课堂上和几个同学把英语老师给打了，再加上和所谓的"男朋友"分手，她才想换个环境，所以我帮她转到了我的学校。刚到一个新的学习环境，她每次回家时都跟她妈妈说的是新学校怎么怎么好，一定要痛改前非，好好学习，说我对她怎么怎么好。事情似乎向好的方向发展了，在我的严格要求下（对她来说实际上是严厉、近乎苛刻的要求，压得她喘不过气来），她在期中考试中取得了班级第八名的好成绩。我也感到很欣慰，看到一个问题学生慢慢地在转变，觉得自己创造了一个神话，心中暗暗得意。实际上她一些不好的苗头已经冒出（由于我对她管得太严，她一时不能适应，压力很大。她觉得自己快要受不了了，又开始抽烟、喝酒来减压），只不过我没有察觉而已。我对她总是一副"恨铁不成钢"的样子，对她所犯的错误决不放过。她呢，对我也不像以前一样"言听计从"了，认为我有意针对她，叛逆心理很强。慢慢地，她又回到以前的老路：上课睡觉、逃课泡网吧、偷东西、拉帮结派打群架。最后在我的学校也待不下去了，只好劝她的父母给她转学。离开学校的那一天，她泪流满面，对我说："我恨你！你为什么要处处针对我？我已经改了很多，你难道看不到吗？"我当时愣住了，竟无言以对：我呕心沥血的付出换来的居然是她对我的恨！

"蜗牛"已经在尽力地往前爬，我却看不见，正像《牵一只蜗牛去散步》所说的那样"我催它，我唬它，我责备它，……我拉它，我扯它，甚至想踢它"，结果"蜗牛受伤了"，出现了反复，也丧失了向前爬行的信心。

一个苹果："蜗牛"感谢我的礼物

从那以后，我开始反省自己，对学困生、问题学生的要求也不那么苛刻了。但还没有达到有意识地陪着"蜗牛"一起散步的境界，只能说放任"蜗牛"自己去散步，我只是做到不歧视。直到发生了这样一件事：

我记得那是一个中秋节，晚自习下课，班里学习成绩最差的学生小超拿着一个他妈妈送来的苹果，硬要塞给我。我很惊讶，问他："你为什么要送我苹果啊？"他低着头，说："您对我好！我学习成绩差，在小学时，老师都看不起我，认为我拖了班级的后腿，现在您却没有。我惦记着您的好！我感激您，谢谢您！"其实我也没有做什么，说不上重视他、关心他，只是一视同仁地对待他，他却惦记着我的"好"。当时，我是既惭愧又感动，连忙咬了一口苹果："嗯，真好吃！"

他笑了，我也笑了。被学生惦记的感觉真好！

我并没有刻意去教育"蜗牛"，甚至是忘记了，"蜗牛"却因为我没有看不起他而感激我。学生的感谢也许只是一句"谢谢"，一个苹果……但他是纯真的，真诚的！我们无意间给了"蜗牛"一滴水，他却给了我们一股清流！

放慢脚步：对"蜗牛"慢慢来

就在这个学期，我中途接手成了七（1）班的班主任。班里有一个特殊的"蜗牛"，她叫小静，今年十六岁了，智商却只有五六岁的样子。上个学期上课的时间，经常因为不敢和老师说要上洗手间而尿裤子，她妈妈带她回去洗澡、换衣服，她怎么也不肯回去。好几次，我问她为什么不回去，她说回去就会被妈妈打死的。我总觉得她妈妈太着急了，应该慢慢来！她怕她妈妈，也怕老师。

我知道她的特殊情况，特地暗中嘱咐周围的学生要留意她，要提醒她上洗手间。我对她特别宽容，放慢脚步，静待花开。她以前进出教室，从来不喊"报告"。有一次，是我的数学课，她上洗手间回来。不知怎么了，她站在门口喊了一声："报告！"全班学生惊奇地看着她。我也很惊讶，满脸喜悦："请进！"我特地表扬了她，全班学生也为她鼓掌。后来，她每次进教室，见到老师在都会先喊"报告"；有时忘了，她又走出去，站在教室门口重新喊"报告"，得到老师的同意才进入教室。

期中考试了，我接到监考老师的电话，说小静蹲在考场的走廊上大哭，怎么劝都不肯进考场。我连忙赶过去，蹲下去问她怎么了。她起先只是哭，不肯说。其实，她进考场，也考不了几分。我告诫自己：慢慢来，别着急！安慰了好久，她才告诉我：和她考场同桌的八年级男同学看上去好凶，怕被他欺负，所以不敢进去考试。我听了哭笑不得，可她只有五六岁小孩的智商，只好哄她："不怕，你放心进去考试。他要是敢欺负你，你告诉老师，看我不揍扁他！"就这样，把她哄进了考场。

慢慢地，她不怕老师了，准确地说是不怕我了。有一次上课，她又要上洗手间了。她敢自己举手示意了，我笑着说："你去吧！"没想到，她对我来了一句："看什么看，没见过美女啊？"说完就跑出了教室。全班学生哄堂大笑，我也哭笑不得。我问学生："她和其他老师也这样说话？"学生对我说："郑老师，也就您纵容她了！她只敢和您开个玩笑，见到其他老师就像老鼠见到猫一样，绝对不敢这样。"后来，她每次上课期间要上洗手间，我都连忙声明："我没有看你，你去吧！"

我现在放慢了脚步，我没有催，没有唬，没有责备，陪着"蜗牛"一起散步。这只特殊的"蜗牛"慢慢地靠近我，展示了它率真而又独特的一面。

教育，是慢的艺术，就是牵着一只蜗牛去散步。别着急！慢慢来，就会有别样风景。

而我的心境，慢慢地平静，延伸，成长。

（作者单位：浙江省天台县屯桥中学）

在反思中成长

祝 贺

生活的过程就是不断犯错的过程，在犯错中觉醒，在纠错中成长，人生才能稳步提高。走上三尺讲台，便一直担任班主任，不知不觉已经二十多年了，我发现班主任工作就是不断地走弯路，又不断自我校正的过程，其中的偏差甚至错误给了我提高的契机，让我在觉醒中成熟。

疯狂的自由

大学毕业后，分到了县最偏僻的一所农村学校教书。管理的班是有四十多人的初一班级。第一次忐忑不安地走上讲台，看到纯真质朴的孩子们，紧张感很快消失了。便和蔼可亲的和他们打招呼，没多久便与他们熟悉了。

我陶醉在与他们亲密无间的感觉中。不过意想不到的状况出现了。上课时，会有学生突然跑上讲台，旁若无人的大声喧哗。下课时，会有学生跑到我的办公室里，随便翻弄我的东西，见到我准备好的午饭便填进自己的嘴里，害得我中午饿肚子。我有一个心爱的笔记本，里面贴满了我发表的小文章，有一天居然不翼而飞了。

每当我来到学校时，就会有一群孩子围着我，我们谈天说地，使我很有成就感。不过这时一位老教师给了我警告。他说，你注意点，这群学生会有你下不了台的时候。我不以为然，没把他的话放在心上，又过了几个星期，有代我班课的老师来告状了：部分学生拖拉作业。没多久，又有老师拿了薄薄的几本作业对我说：你看，一个班级就这几个学生做作业。

麻烦接踵而来，一天小易的家长突然来到学校说他的孩子被打了，一天的时间里被小宝打了两次。校长知道了，赶紧先向家长道歉，然后批评我说，你怎么就管不住学生呢，是因为你不管，他们才乱的。

我开始反思，认同校长的观点。是的，一个班级乱成了一团，几个强势的学生不断打架惹事，几个弱势的学生自然成了受害者。但受害者也惹事，破坏人家的庄稼被村民撵到学校，挨了一顿骂。村民骂道：啥老师教的？听着很不舒服，但也无言以对，自己有错在先，再委屈也不能怪人家。有时心里侥幸地想，那几个女学生该没有问题吧，每天挺安静的，可怕的是有一天，坏消息传来：某某与某某谈了，又某某与某某谈了。

听到这些我几乎崩溃了，一群单纯的孩子在我管理下，几乎个个成了恶魔。

恐怖的专制

看到别的班级秩序井然，学生自觉地学习，班主任天天能做到"无所事事"。而自己每天忙得焦头烂额却没有一丝效果，内心的自信一下子没有了，我所设计的班级管理措施，我采取的对待学生的方法在现实中根本无法实行。

没办法，我只得向有经验的班主任请教班级管理的秘诀，他们告诉我一个字：严。严师出高徒，既然是经验之谈，咱就从严治班。

我决定改变现状就先从排座位开始，把那些上课好交头接耳的学生调开。用了一个下午，终于拿出一张学生座次表。然后我按照座次表让他们坐在指定的位置上，开始几个还比较顺利。但到了一个名叫小梅的女生那里就进行不下去了，她没有按照我的要求坐，而是自己选了一个地方坐下来。我开始劝她服从安排，但她不理，这时我想到了那位班主任的"严"字。就对她说，我说三个数字如果不把课桌搬到指定的地方，立马出去。可是我的"一二三"指令并没有起作用，她依然稳稳地坐在她自己选的位置上。其他学生看着开始暗暗嘲笑，笑声刺耳，我知道他们都在向我挑衅。当时我想也没想抓起她的课桌扔出了教室外，课桌在教室外摔了个四分五裂，课桌里的书，也散落一地。同学们都惊呆了，看着这个"可怕"的我，他们开始乖乖听话了。

可是，她呢？拿着书走了，头也不回，虽然叫了几个学生去努力地挽留，可依然没有让她回心转意，从此她再也没有踏进校门。现在二十多年过去了，这件事在我的心中留下了永久的歉疚和遗憾。我常想，自己的一次不理智的举动，造成了学生的辍学，她的一生从此发生了转变，自己简直是误人子弟呀！

当时可能是年轻气盛吧，想一时就扭转局面，根本没有想这么多，对待学生全然铁面无私，根本不讲人情，虽然换来了学生的"听话"。后来想想，对待他们怎能用这样简单粗暴的方式呢，这样不但教育不了他们还可能伤害他们。

遥远的距离

当闲暇时我会坐在教室的后面，密切监视他们的一举一动，一旦哪个学生违反我制定的班级"公约"，我便严厉地批评甚至惩罚。

学生在我不懈的要求下，确实发生了很大的变化，每天如菜市场一般的班级安静下来了。上课的时候学生不说话了，作业也没有人拖拉了，至于打架之类的严重事件一度绝迹。

还没高兴起来，我发现了问题：上课的时候，再也没有学生积极地举手回答问题，作业虽然交了，但发现有些学生的作业不是自己做的，而是抄袭的。更可怕的是，再也没有人到我的办公室里来，没有学生主动找我谈心，即使我找到他们，想了解班级的情况，他们也遮遮掩掩，从他们的回答中，明显地感觉是在敷衍我，他们已经不再和我说实话，也不愿意向我敞开心扉。

有一次，我到班级里，看见一个学生趴在课桌上哭泣，便把她叫到办公室，开始她不去，劝到办公室后又一言不发，没办法只得问其他学生，他们也说没事。我感到无奈，但无法让他们说出实话，让我了解实情。

我发觉他们都在提防着我，我被完全孤立了起来，这使我非常得不安，这时，我内心的失落无法言表，又无可奈何。

我发现，我失去了他们。

奇迹的出现

我又开始怀疑这个一味的"严"字。

我想起了我上学时，曾对自己班主任的管理方式产生过怀疑和不满。其中我的某一位班主任说话就特别难听，话不出三句就开始挖苦人，一不小心，就会招致他的冷嘲热讽，我们特别怕犯错，特别怕让他发现自己的不足。但我们敢怒不敢言，怕他，也许因为他有威严。

而自己也严格，却没有收到同样的效果，在苦苦思索中，我开始从教育管理理论中寻找答案，从一些全国著名班主任的管理经验中寻找答案。我知道自己严得有些苛刻，自己的管理不是严格而是没有了人性，没有了关爱，没有了理解，毕竟他们是孩子，而我却用管理恶魔的方式来对待他们。

可开始的宽松为何还是没有好的效果呢？我知道自己为了得到他们的亲近，处处讨好他们，而失去了一个班主任应担负的职责。把自己等同于一个普通人，而不是老师，更不是班主任，没有坚持班主任应有的原则性。学生虽然表面上对自己态度比较好，可是自己并没有在学生中赢得威信。学生把班主任看成了一个可有可无的人，自己虽然在班级里，但他们视我如空气。因为我没有尽到一个班主任应尽的责任，从而没有树立起自己的形象。

同学生走得太近而没有原则，要求学生太严格而不讲尺度，前后两种极端都使我陷入了班级管理的误区中。

我重新审视自己的管理方法，决定对学生亲近但有原则，严格但有宽容。理解学生的难处，站在学生的角度分析问题。

我静下心来找学生谈心，多方面了解他们。先从自己没有"过节"的学生那里入手。一次，两次，三次……直到学生敞开心扉为止。也许是自己的坚持打动了他们，他们大多开始愿意把自己的真实想法说出来。就这样，我用自己的诚心把他们一个个地拉到了自己的身边，得到了他们的理解，我又给他们提出新的要求。当班级里那个与自己有"深仇大恨"的学生露出笑脸时，我的内心感受到了轻松。

有专家说一名教师的成熟至少需要十五年，一名班主任的成熟何止十五年！在自己二十多年的班主任工作中，常常会出现意想不到的局面，会使自己陷入尴尬中，也会使自己不断地犯错。如果说现在自己是一名合格的班主任，比原来有了经验，处理问题得心应手了，那是因为在面临新问题时，现在的我多了一些思考，多了一些理智，多了一些策略，学会了在错误中反思，在觉醒中成长，使自己成为一名合格的班主任。

（作者单位：安徽省太和县桑营中学）

且行且修且成长

荆晓燕

当班主任是一种生命的修行，因为我们是和正在成长中的学生相互陪伴，是和不同家庭不同性格的生命朝夕相处。没有哪一种人能像班主任老师这样在实践中影响他人，塑造自己，提升彼此的灵魂。

理想败给现实

相信每一个刚从大学校园里走出来的师范生都对教育有着很美好的憧憬，都想在教育上做出点成绩来。我跟大家没有什么不同。

2008 年毕业后，我就直接踏上工作岗位。学校安排我担任一年级的班主任兼语文教学工作。刚参加工作的我踌躇满志，心想：就这一些小毛孩，还不被我管理得服服帖帖。

可是第一天上班，小毛孩们就给了我当头一棒。真应了那句话：理想有多丰满，现实就有多骨感。踏上讲台时还是信心满满，下了讲台立刻变得底气不足。我实在是把控不了这些六七岁的淘气包们。56 个孩子更是状况百出：有的孩子根本不听你说的话，有的孩子稍不如意连哭带叫，更有甚者在课堂上打滚撒泼，真是摁下葫芦起来瓢。我竟然被这帮小屁孩牵着鼻子走，一天下来筋疲力尽，感觉力不从心，我开始对自己理想中的教育产生了怀疑。

不仅仅是学生花样百出，我自己也很不在状态，不了解小学生的心理特点，专业知识储备不足，不了解小学生可能出现的问题，没有足够的应对办法，看到领导不满的眼神，我心生惶恐。

就这样这个班我带了两年，中间我想过种种办法，效果却微乎其微。班内学生纪律跟不上，学习成绩忽上忽下，班级综合考核也落在兄弟班级后面。伴随着自己宝宝的到来，学校结束了我对这个班的任职。

大家都说当老师很幸福，而我的感觉却是水深火热。

困境图志变化

2011年休完产假回到学校，再次接手一年级。从一开始我就要求很严，抓得很紧。教室里总是静悄悄的，学生们比较害怕我。平行班的老教师们也对我竖起了大拇指，我知道这是一刻都不敢松懈换来的。

正当我有点得意时，身体亮起红灯。一次班会课上，正在我声情并茂强调学生在校一日常规的时候，上半句还说得铿锵有力，下半句就卡在喉咙里直接说不出来了。之后我去医院检查，医生很严肃地告诉我：这是因为声带不震动了才会不发声，是因为你们说话太多了，给了声带太大的压力，这是你们教师的职业病。回去以后我仔细回顾了自己近段时间的生活状态和班级工作，我把自己绷得太紧了，或许我应该换种方式了。

很多时候改变是最困难的，说得容易做到却难。在接下来的两个月的时间里，我换了一种方式，基本能够和风细雨地对待学生出现的各种错误了。

可是有一天，当我面对着班内那个最调皮的学生的极度不遵守纪律，把班内的女生脸划破的时候，我的坏脾气又上来，正当我河东狮吼，用尽全身解数表达我的愤怒与不满时，突然间心脏像过电一般"嗡"的一声，疼得我满头大汗，立刻蹲了下去。

周末时间再次光临医院，医生好意劝说：你这样的情况，一般在感觉心脏不舒服的时候，需要立刻做彩超才能确诊毛病在哪里？其他时候是查不出来的。不过你得注意了，不要让你的心脏承受太大的压力。

有了这两次的教训，我不敢再拿自己的身体开玩笑，也不敢再对着学生乱发脾气。

内省结合外修

我不能再以牺牲自己身体为代价的方式来管理班级，我必须得想办法提高我的班级管理水平，不能再凡事都亲力亲为，不能再次出现看到学生犯错误就大发雷霆的情况。

向身边的优秀教师学习。看到一些有经验的教师在办公室里的悠闲自得，看到他们班级管理得井井有条，看到一些新同事所带班级也各有亮点，我暗暗下定决心。为了尽快改善班级现在的局面，我虚心向他们求教。慢慢地，我知道了：当学生之间发生打骂现象的时候，作为班主任应该了解事情的始末，弄清楚事情的真相，帮助学生认识到谁对谁错，做错了要道歉，要帮助学生化干戈为玉帛，处理问题不能太简单粗暴；当学生遇到不会处理的问题时，应该教给学生解决此类问题的方法，提高学生处理问题的能力；当学生遇到困难的时候要真诚地伸出援助之手，不要让孩子陷入恐慌之中，不要让学生在学校没有安全感；当学生犯错误的时候要根据具体情况引导，注意语气语调，既要能有警示作用又不要太伤孩子幼小的心灵，因为他们的承受能力是有限的；作为教师要对待所有的孩子一视同仁，制定赏罚分明的奖励机制，帮助学生树立规则意识；要公平对待学生，不能失之偏颇，因为孩子的眼睛是雪亮的……

向书本学习。很多时候我们困于一种管理模式之中，知道问题的所在，却很难找到解决问题的办法。这时我想起了大学老师的话：书籍是最好的老师。于是我网购了许多名家名作，每天坚持阅读，读到最后有种豁然开朗的感觉。我渐渐地意识到教育其实就是一场心灵的修行，这场修行贯穿于教育工作的全部，贯穿于我与学生相处的每一个瞬间。我必须从自我的改变做起，从管理好自己的情绪开始。以前看到学生犯错误，除了生气就是抓狂。那是不对的，是对自己和学生的极度不负责任。因此我跟自己约法三章：第一要控制住自己的脾气，不要生气，不要发火；第二多去想想为什么会出现这样的情况；第三我应该采取什么措施才能改善这种情况。

我时刻提醒自己：学生还都是孩子，是孩子就会犯错。我要允许孩子犯错，更要和善对待犯错的孩子，及时地给予引导和帮助。我时刻提醒自己：帮助学生树立规则意识，明白规则的存在，不一定非得用很高的音量，可以选择轻声细语；不一定非得用很快的语速，可以慢慢地有重点的强调；不一定非得一下子灌输很多条常规，可以一个星期专门抓一条常规，进行某一条常规的专项训练……总之，要摆平心态，管理好自己的不良情绪。所以当学生早读时间在教室外溜达故意逃避学习时，我会找他进行单独谈话，以让他明白老师在关注着他；当学生上下楼梯走螃蟹步，打打闹闹时，我会做重点记录，然后班会重点讲，会后个别谈心，阐明利害，各个击破，后续留意这些孩子是否改进；对于班内特别调皮的孩子，专门给他建立记事档案，定期谈话，联合家长，家校沟通，全方位多渠道了解孩子的成长经历，帮助孩子改掉一些陋习；对于跑操时候纪律观念较差的学生，体育课上我会陪同上课，教会孩子跑操……慢慢地，我发现班内的孩子大多数都有了规则意识，能静下心来遵守规则，院子里跑跑跳跳的孩子少了，手捧一本书认真阅读的孩子多了；安安静静靠右走的孩子多了；有诸多陋习的孩子也在慢慢进步了。

在练习规矩的过程当中，学生会有反复，老师会有懈怠。每当自己松弛的时候，我都提醒自己这是在和学生一起养成良好的规矩习惯；每当自己思想松懈的时候我都提醒自己要坚持住，良好习惯的形成不是一日之功；每当自己打退堂鼓时，我都激励自己，能在学生成长的道路上陪伴他们一程，那是我们的缘分，那也是我的福分，我应该好好地珍惜和学生们共同成长的日子。

我用春风化雨的方法化解了同学们之间的矛盾，解开了同学们的一些心结。同学们友好相处，齐心协力，增强了班级的凝聚力，形成了一个奋发向上的班集体。这也让我自己的内心变得越来越平静。

当班主任老师真的是一种修行，是一种净化心灵重塑灵魂的修行。在与学生们相处的过程中，我能不断地内省，不断地改变，不断地提高，让自己变得越来越善良，越来越和气，越来越有修养。让我与那个高素质的自己越来越接近。

（作者单位：山东省淄博桓台县实验学校）

第三辑　心境·情怀

　　有的老师觉得当班主任就是一种幸福，对教育有独特情怀，在教育的路上行走充满愉悦感，他们收获着学生成长的快乐，把教育变成一种超脱的、精神层面的快乐！

我让自己精神富有

覃丽兰

朋友问：覃老师，你们那么忙，铁一中待遇很好吧，少说一个月也该有七八千吧。

我一听，语塞：说句实话，我每月工资不到你说的一半的数。

她哑然：老师待遇这么低，连摩托车司机都不如。电视上不是说老师工资高吗？

我笑笑，工资不高，但是我们也可以活得幸福。我的幸福不在物质的多少，而在精神的厚薄。

富在平常日子忙里偷闲

每天早上 6 点半起床，忙碌的一天就此开始，一直忙碌到下了晚自习。家、学校、菜市场，三点一线的生活日复一日年复一年。每一天都像风一样奔跑，每一天都如陀螺般快速旋转。

这么忙，累吗？有时候真感觉累。可是，正是这样的累，让我学会了做事更高效。年轻时不谙家务事的我，现在轻轻松松在半小时内搞定四道色香味俱全的菜，每天半小时的轻松阅读，每天快速记录班级点滴……

这么忙，苦吗？有时候真感觉苦。可是，正是这样的忙碌，让我学会了忙里偷闲，苦中找乐。在忙碌间隙中，我在田径场上跑上五六圈，听着鸟语，望着蓝天，呼吸着新鲜空气，那一刻觉着真舒服；在办公室里播放着《小苹果》，大家一起"嗨"上一刻钟，五花八门的动作让大家笑声不断，那一刻感觉工作真美。

在忙碌的空隙中，我在菜市场也感受点滴快乐，这一头的谭姐将乡下菜农送给她的菜塞到我的袋子里；那一头，秀在招手："覃老师，我新做了豆豉辣椒，比去年的好吃，你拿点回去尝尝。"在市井之地感受着点滴温情，这忙碌中多了不少的甜，多了不少的快乐。抑或买一件新衣服，换一个新包，甚至买几个新出炉的面包蛋糕，自己亲手包的馄饨和饺子，也感觉那是幸福花儿朵朵。在世俗里行走，在忙碌中驻足，看花看云看天看灿烂笑容！这样的忙碌，其实很富有。

妈妈时常感慨："以往那个做事情磨磨唧唧的女儿，什么时候变得这样麻利干练？"学生更是惊讶，"西早姐，像风一样的女子，优雅、干练！"

富在享受学生的美好青春

望着灯下冥思苦想的学生，一群正值花样年华的青春男女，他们最美丽的时光，却陪伴在我这个资深美女身边。哇，这么一想，我不由乐开了花。

一双双疑惑的眼睛，因为我的一句话而更加明亮；一个个不可言传的小心思，因为我的观察也倍觉有趣。欣赏他们的"面朝大海春暖花开"的明亮快乐，欣赏他们"为赋新词强说愁"的青春苦恼，欣赏他们的如竹子拔节的成长，甚至欣赏他们管不住自己的犯错；也欣赏他们在篮球场上、足球场上的汗水挥洒，欣赏他们静坐教室、专注学习的坚忍不拔。

我与他们在足球场上肆意大喊和奔跑，我与他们在辩论会上剑拔弩张，我与他们在比赛之后一起喜极而泣，我与他们在失利之时一起伤心难过……他们的青春有我参与，何等幸福！

每次的三人行交流和绿色通道交流，让我分享了他们青春期的不少小秘密：浩浩为自己的一头鬈发而苦恼，东哥的抽烟史和学龄一样长，蔡文失恋了，小轩和爸妈因为代沟闹矛盾了，萃萃为数学怎么提不上去而纠结，小峰一见英语就烦恼，晓旭偷偷开了家玩具网店，夏天在班里模仿三国杀游戏做了一个"骐骥杀"游戏，……学生们脑袋里装着很多很多的故事，仔细倾听，适当建议，一张张愁眉苦脸顿时喜笑颜开。感同身受，适当提醒，分清娱乐和学业孰轻孰重，三言两语点醒梦中人。一个个的事故就在这样的促膝交谈中变得云淡风轻。

当所有活动，我们班理所当然获得第一时；当我们失利，我们一起重拾自信扬帆起航取得优异成绩时；当看着学生们一张张充满朝气、自信的笑容时，我真感觉自己很富有。

我们作为老师，真的富有，学生用他们的热情燃烧了我的星空，用他们的活力唤醒了我的激情，用他们的青春传递给我快乐清新。试想，每年我们都参与一群人的青春，这是不是演绎着别样的幸福！

富在对他人有价值

覃老师，你带的中学班主任国培班在全省 45 个国培置换脱产研修班评估中，获得第一！太不容易了，向你和学员们祝贺！

覃老师，你的班级文化讲座太让我们受益了，爱死你了。

覃老师，在你的点拨下，我的工作困惑，豁然开朗，你是我真正的导师。

覃老师，这个时间点您一定要留给我们啊，我们教育局等候您的光临。

覃老师，只要看到你这个人，就给我们带来正能量，高中一线班主任真的不容易。

行走全国不少城市，从长沙到呼和浩特，从武汉到郑州，从西安到成都，从贵阳到重庆，从大连到青岛……大大小小近百座城市都被我的双脚丈量过。见过不少热爱教育追求教育梦想的一线老师，看到不少老师迷茫中渴盼拨开迷雾的急切。尤其是一些老师拿着我的卓越一书来听课，那种热情足以将我旅途的疲惫一扫而空，有这些好学的老师，我再辛苦也值得。

在一次次和老师们现场思维碰撞中，我感受到了自己的价值；一天天在QQ 群里守候中，我感受到了自己的存在；在学校深入推行班级文化建设和绿色课堂时，我感受到了存在的意义。在每天反思中，我不断积累不断自我挑战不断让自己一点一点提升；我真的富有，富有体现在对他人有所帮助，有所影响，有所启迪！

下课了，一群女生又黏着我说笑了。"西早姐，今天的衣服真好看，很符合你的气质。"

我莞尔：悄悄告诉你们，我这是十年前的衣服，这件衣服不到 100 元哦。

"啊！我懂了，女神！气质好，没办法！我们要做就要做像西早姐那样的女生!"

　　当我们每天都感觉自己是快乐的，哪怕 50 元的衣服也能穿出大几千的档次来，因为腹有诗书气自华！哈哈，西早姐也自恋一下！

　　我们可能做不了物质的贵族，但是我们可以做一个精神富有的贵族！

（作者单位：湖南省怀化市铁路第一中学）

修炼，从写好一句话开始

李习勤

你会算以下三道题吗？乘够 365 次试一试！

0.9×0.9×0.9×0.9×0.9　　……

1×1×1×1×1×1×1　　……

1.1×1.1×1.1×1.1×1.1　　……

不允许用计算器，只能用笔来计算。全班六个组进行 PK，看哪一组先计算出来。

当所有的组都终于宣布放弃之后，才让大家用手机上的计算器来计算。

答案很快就出来了。

1 的 365 方 = 1

0.9 的 365 方 = 1.988455816273×10 的 -17 次方

1.1 的 365 次方 = 1.283305580313×10 的 15 次方

然后让每个学生都写下自己对这个计算结果的感受。

这是我在高三伊始开学第一天上的一次班会中的一个环节。聪明的您可能已经明白我的用意了。

1 乘 1，永远是 1。

0.9 乘够 365 次，0.9 的 365 方 = 1.988455816273×10 的 -17 次方，就近乎等于 0。

1.1 乘够 365 次，1.1 的 365 次方 = 1.283305580313×10 的 15 次方大概接

近一千三百万亿。大概接近一千三百万亿，就是无限大。

我是想让学生明白一个简单的道理：每天多努力那么一点点儿，日积月累就是巨大的成功；每天稍微懈怠那么一点点儿，长期下来就是天大的差距。

如果仅仅到此为止，我就不会是现在的我。一次班会结束了，也就结束了，除了学生受到的或大或小或有或无的影响和自己一时的触动之外，什么也不会留下。

当负责"每日三言"的宣传委员琪琪来要明天的"老班寄语"时，我心中忽然一动，写下了班会时我的切身感受。于是第二天我们"快乐传奇"班的后黑板上就出现了例行的我们已经坚持了两年的"每日三言"：

公元 2011 年 8 月 2 日，奋进周二。

每日一言，名人名言：

今天很残酷，明天更残酷，后天很美好，但绝大部分人死在明天晚上，只有真正的英雄才能见到后天的太阳。（马云）

每日一语，凡人凡语：

今天的努力，决定了明天的成就。（孙爱）

老班寄语，人生就是一点点儿：

不折不扣地完成任务，是 1 的人生；0.9 的人生，只不过是每天比别人少做了那么一点点儿；1.1 的人生，只不过是每天比别人多做了那么一点点儿。然而，差距，就是这么来的！（李习勤）

再看我们第三天的"每日三言"：

公元 2011 年 8 月 3 日，沉思周三。

每日一言，名人名言：

志不强者，智不达；言不信者，行不果。（墨翟）

每日一语，凡人凡语：

梦未圆，岂能懈怠；恩未报，哪能放弃。（齐珺）

老班寄语，人生就是一点点儿：

1 的人生是可惜的，0.9 的人生是可悲的，1.1 的人生是可敬的。成功，就是每天比别人多付出一点点儿。然而，奇迹，就是这么来的！（李习勤）

当这两句老班寄语受到学生的一致欢迎和同事的一片赞美时，我决定把我的这两句老班寄语和这次班会内整理出班会实录《高三来了》，然后投给了我特别喜欢的《班主任之友》，没想到居然很顺利地发表了，而且还收到了稿费和样刊。

这次发表对我而言具有一定的历史意义，它犹如一颗小小的火种，点亮了我隐秘心灵中关于写作的梦想。我知道《高三来了》之所以能在《班主任之友》这么权威这么专业的杂志上发表，这两小段"老班寄语"功不可没。编辑对这两段老班寄语一字未动全文刊发，就是对这两段"老班寄语"的最大肯定。后来的事实证明，这三道计算题引发的这两段"老班寄语"受到了很多班主任的欢迎，我能看到网上很多老师把它借鉴到了他们的班会课中。

由写好一句话的"老班寄语"，到后来的"金日金文"——每一个日子都如金子般美好，每一篇文章都是金玉般良言。先是每天为学生推荐一篇美文，后来就开始自己动手为学生写"金日金文"。再后来，才有了我认为的班级文化的最高境界——"诗意成长，故事人生"。正如我在全国班主任能力大赛演讲时说的那样：

诗意成长的最高境界，是和学生一起书写成长故事。我和我的学生正在书写着四个系列的成长故事：学生自己的成长故事，快乐传奇班级的成长故事，经典中的故事人生，老班的故事人生等系列。学生的成长故事有《阳光女孩是怎样炼成的》《孙少禹成长记》《翱翔九天》《一棵花》《一棵草的梦》等。班级故事有《高一（1）班大点名》《高二（1）班，星耀滨海》《课间操风波》《你需要这次失败》等。经典中的故事人生有《孔子不是早聪早慧的神童》《做个盗贼也不易》《"修身齐家治国平天下"之前》等。

青春，不是肆意挥霍的资本，而是转瞬即逝的机遇。成长，只有一次。让每个学生都拥有自己的成长故事，让每一个成长故事都充满诗意。久而久之，班级自会凝聚灵魂，焕发精神。

当一个学生有了"自己的成长故事",也就有了"自己的成长目标",精彩,也就如约而至。

一个学生懈怠了,我在她的作业本上,只写了四个字:"春天来了!"

别人看不明白,她却马上醒悟。因为,她是一个故事中的主人公,这个故事的名字就叫《一棵花》,在故事中,她已经遗憾地错过了一次花期。

当我们班级拥有自己的成长故事后,师生之间的对话也充满了诗意,我对坐在窗边的学生说:

"打开窗,让春天进来做客!"

全体学生呼应:"没有风,也可以吹散乌云!"

别人听不明白,因为,这是我们自己班级的心理成长故事。

成长学生的同时,我也在成长自己。

让学生拥有自己成长故事的同时,我也在书写着自己的故事人生。

当我获得了"塘沽十佳班主任"和"全国读书百杰"的光荣称号时,学生送我一副对联"塘沽十佳已为首,全国百杰又争先"。

当我的学生荣获全区"全面发展之星",我荣获"科学管理之星"时,学生送我八个字:"天道酬勤,桃李天下"。

在班级年度颁奖盛典上,全班同学给我颁发了"中国好教师"证书。孩子们在上面郑重写道:"有效期:永远!"

我和我的学生每天就是这样生活在这如诗一般的故事里。

和青春相伴的日子,精彩的教育故事每天都在上演,爱心类的有之,智慧类的有之,惊心动魄的有之,云淡风轻的有之,相同的是,每一个故事都演绎着人生,每一次成长都充满着诗意。

的确,我为学生记录成长故事的同时,我也收获了自己的诗意成长。

不仅是自己获得了全国班主任能力大赛一等奖,天津市十佳班主任,天津市优秀班主任研修班讲师,天津市班主任岗后培训讲师团讲师,滨海新区教师标兵,首席教师等各种荣誉,也不仅是自己所带的"快乐传奇"班取得了学校有史以来的高考最好成绩,"鹰之班"荣获天津市优秀班集体的荣耀,而是每天都生活在一种对美好和幸福的期待之中。

我的多篇文章先后发表在《天津教育报》《中国教师报》和著名特级教师

张万祥老师编著的《班主任工作艺术》《班主任专业成长》等多部书里。我还有幸成为《班主任之友》2016 年第 6 期封面人物。更让我惊喜的是，凭借两篇长文《只要让我登上第一道门槛》和《全情投入，开好第一次家长会》，我还成为了《班主任之友》的 2016 年度人物。《班主任之友》杂志社在新年之际，寄来了获奖证书和热情洋溢的新年贺词。让我感觉教育是如此的美好和幸福。

如果说，我取得的这一点成绩，是得益于我的修炼，那么我修炼的真正起点，竟然只是每天为学生写一句话而已。修炼，从写好一句话开始。

"人生就是每天快乐一点点儿，快乐就是每天成功一点点儿，成功就是每天进步一点点儿，进步就是每天坚持一点点儿，坚持就是每天行动一点点儿。"人生在于行动！行动带来快乐！

(作者单位：天津市塘沽外国语学校)

努力，才能把教育做得精致

郑学志

无论外界是如何评价我，我觉得自己最大的优点就是努力。做什么我都努力，包括爱学生，我都是努力去爱。如果说我今后会有什么成就，我觉得那是努力所带来的全部报酬。

努力，会做好每一件事

我从事过好些不同的职业，还经过商，开过一家小商店。但是，无论我在业余兼职什么行业，都有一个共同的特点，那就是"努力"，我把这种行业精神带到了教学上。

我虽然努力教书，但同时总以为教书太屈才了，像我这么有才华的人，应该到不同行业去闯闯，于是我就身在曹营心在汉，教书的同时兼职了好几个不同的职业，甚至有段时间想去深圳，只因母亲无人照顾而没有成行。直到学校快倒闭的前几年，我才猛然意识到，人一辈子可做的事情也许很多，但能够做好的却不多，其实我应该好好地教书，讲台才是我最好的阵地。

现在回过头去看看，我自己也觉得奇怪：为什么心灵宁静之后，我居然能够在人心惶惶的时候，安心做我的教育教学改革，而且做得那么镇定自若，那么气定神闲？也正因为这一段时间的扎实练兵，我在教改中积累了丰富的经验，在学校彻底倒闭的时候，我凭借着自己扎实的基本功和个性化的教学特色，从全县数十名语文同行中以绝对第一的成绩被选拔进县城重点高中教书。这成了当年学校倒闭时那些预测教师去向的预言家怎么也不肯相信的事情。

学校倒闭的那一年，我所带班学生的平均语文成绩达到了 107.6 分。2001

年冬天，我在邮局杂志摊上闲逛时，发现郑州一家著名的《作文》杂志，竟然发表了我在职专教书时班上学生的一篇作文。

此后，我个人的教育教学影响，在一般教师看来成了一段传奇：

2001 年，我的课堂作文教案被多家出版社争着出版，湖南师范大学出版社更是一下子与我签订了《非常作文》一套丛书（共 8 本）的出版合约。2002 年，湖南省教育科学研究所把三年一次的基础教育教学改革成果一等奖给了我，据县教研室说，这也是当年全省唯一的一个一等奖。

图书出版之后，当即在出版界引起一阵不小的轰动，《光明日报》网站、《中国图书商报》《教师报》《潇湘晨报》《武汉晨报》等媒体相继发表了有关新闻和评论，《中国图书商报》更是用醒目的标题，直接把我称之为"作文创新表现的良师"。

努力，改变了自己的弱项

我在好些地方讲课，都谈到一个问题——我的记忆力其实并不好，尤其是记不住别人的姓名。有时遇到见过面的人，却叫不上来，这使我感到十分尴尬。

但做老师，记住学生的姓名却是一项基本功。所以，我只能下死工夫去记学生的姓名。每次接班，我都笨鸟先飞，先把学生花名册拿来，一组一组地背。这个方法很笨，但很有好处，在接新生的时候，学生姓名中没有我不认识的字。

嘿，你还别说，有些字很简单，可不做点准备，还真就念不出来。如，那个字（彧），读"yù"，意思是很有文才。两个"吉"字并在一起，读"zhé"，还有像"暠"（gǎo）、"顼"（xū）、"邝"（kuàng）、"垚"（yáo）等字。都是超级难认的字，不事先准备点，到时候很可能认不出来。

背了花名册之后，我在学生报到时，跟学生聊天，努力把学生的姓名和他本人联系起来。比如，快嘴快语的那位女生叫什么，腼腆害羞的那个男生是谁……我要尽快地抓住他们的特征，一一对应。记住学生的名字很重要，它让学生感受到班主任对他的欣赏和尊重。

很多时候，教师对于中间地带的学生印象则模糊。2001 年开学的第一天，我叫出了陈上勇的名字时，这个中等成绩的学生颇感惊讶。他后来说，当时他感到非常温暖，并下定决心，今后要活出一个人样，让以后的每一个老师第一天就能够叫出他的名字！他是这么想的，也努力地做到了。一个学期，他的成绩就从全班的第 36 名上升到第 5 名，而且此后一直很稳定。现在他大学毕业了，在陕西省一家大型的机械公司做总经理。教育常常充满了偶然，我也没有想到，记住一个学生的名字，会有这么大的影响。

后来，我就揣摩出了更多的记住学生姓名的办法。比如，记住学生的外貌特征，并把外貌特征与学生姓名联系起来。如，一个叫杨玲珑的女生，个子小巧，脸形很小，爱笑，确实有一种"小巧玲珑"的感觉，我一下子就记住了她。有些人，外形恰好与姓名相反，如一个叫阮亚东的学生，身材矮小，一点也没有"东方巨龙"的威武感，名不副实，在觉得幽默的同时，也就记住了他的名字。

做班主任，没有什么是不可以改变的。只要你努力，你的弱项就能够变成强项。

努力，把教育做到极致

2009 年，教育部基础教育司把我评为"2009 年度教育人物"，我在《班主任》杂志上说了一句颇有争议的话，那就是："每一种成熟的教育模式都有它合理的一面，关键是我们是否做到极致。"我觉得教育就是这样的。

刚做班主任那几年，我并不怎么民主，也不怎么新潮，但是由于我的敬业和扎实，一个传统、费力的管理模式，居然也使我取得了超乎大家想象的管理效果——我的班级，无论是操行评估，还是学习成绩，都在同年级十个班级中遥遥领先。1995 年，我们班成为全邵阳市九县三区唯一一个文化成绩 100%通过全省质量抽检的班级。

但是，我并没有为此自满。我认为这样做班主任，成功来得也太没有技术含量了。我们是"70 后"班主任，我们的班主任工作，应该来得更有时代特色一点，更有科技含量一点。

于是，我很快学习、借鉴了一些先进的教育管理模式，结合自己的教育实践，建立了富有个性色彩的"法家"管理模式——我通过学生民主出台班级管理制度、民主选举班干部，引导学生建立了富有民主启蒙色彩的、完全自治的教育管理模式。我觉得，我们应该用这种教育管理模式塑造出一大批对社会负责的公民。

2005年秋，我开始在一所私立学校上课。有一天，我和学生进行投篮比赛，规定是谁输了或者犯规了，谁就要拱篮板——一种用头在地面上把球顶到篮球架柱子上的惩罚。我一投三分、二投两分都进了后，心里十分高兴，哪怕是第三球犯规时，我仍然一时兴起，顺势在篮板下做了一个漂亮的转身，把球扣了进去！

"舔钵钵！"马上就有人高叫，"罚拱篮板一个！"

规矩是每次投篮只能够连续三次，而且最后一次不能够等球着地，如果着地，就不能够再投。谁投，就是耍赖，学生们的专业术语叫作"舔钵钵"——这确实是一个不很体面的词语，难怪大家一齐笑了起来。

我马上意识到了自己的错误。"现在拱，还是等下一起拱？"我态度很好，把球抱在怀里。有人想看热闹，有人想早点比出输赢，罚完再投和投后再罚的意见都有。围观的学生有的说郑学志是老师，不能够让老师为难，坚持说等一下罚。也有一些对我的民主管理存在观望情绪的孩子，则态度暧昧地站在那里看着！

我意识到，这实际上是一个很好的教育机会，我要让他们明白，班主任其实只是班级中的一员，他不是一个特殊个体。要建设一个一流的班级，就需要我们大家共同努力。于是，我制止了他们的争论："打球就要过硬，等下罚就没有现在这么有趣。我们大家都是平等的，干脆还是由我来率先示范！来，我先认罚！"

于是，在那个金色夕阳的秋天的傍晚，我在全校近百名师生的围观下，丢掉一般人所谓的教师尊严，按照游戏规则，四肢着地，认真而准确地把球拱到篮球架下——周围响起了一阵真诚而热烈的掌声！一些围观的年轻教师由衷地说："都说班主任的一举一动都关乎教育，今天，我们真的长见识了。"

2007年6月，我所带的那个普通班级以13人考入重点大学的高考成绩，刷新了那所学校的高考纪录。

有很多老师爱盲目跟风，常常单纯地批评过去的哪种教育方式不好，我觉得这种理解是很不成熟的。其实每种教育理念、教育模式都有它的弊端，用心把每一种教育管理模式做到极致，把它的优点发挥到极致，都能够取得很好的教育效果。

（作者单位：湖南省邵东县两市一中）

一个 80 后班主任的幸福成长之旅

李 晶

十年前，我在一片质疑声中走上了班主任的岗位。周围的老师们大多如我父母般年纪，我这样的娃娃老师被大家贴上了很多标签"80 后、独生女、娇弱……"面对质疑，初出茅庐的勇气和热情让我没有丝毫犹豫。当我在张万祥老师、李镇西老师、任小艾老师的书里读到那些动人的育人故事时，我无数次想我什么时候也能有这样美好的人生经历。做班主任是我人生崭新的一页，我充满了期待，期待把我的生命融入孩子们的人生里。我虽柔弱，我的生命却像川藏公路上的野百合一般，看似娇嫩却要开在崖边，守望险峰独特的风景。

坚持我的道路

"你这么温柔，能当好班主任吗？"年级组长的一句质疑也引我不停地思考，该做怎样的班主任。看看我的年级组长和周围的班主任们，无不有着严厉的态度与威慑力，他们训斥学生的气势着实让我羡慕过。可每每看到被训斥的学生，我就会想起小时候，因紧张写错题被训斥的场景，那段回忆一直是我的噩梦。

我不能让我的痛苦经历重复在我的学生身上，这是我一直抱有的想法。师爱的表达有很多种，严厉、威慑不该是唯一。符合学生成长的需要就是爱的真正方式。为人处事温和是我的一种常态。我年轻，没有经受多少岁月的洗礼也没有丰富的经验，但是我更容易走近学生们，更不容易被固有的经验束缚，拥有更多创造的空间。我要把本色的我带到工作中，用性格的特点找寻我教育的出路，找寻属于我的独特风格。

我向孩子们努力保证做到"不乱发脾气、不在公共场合训斥、不随意请家长、经常微笑……"我和孩子们一起为进步高兴，也一起为失败流泪。操场上教室里常见一个大孩子和一群小孩子的身影。我不想把自己塑造成一个无坚不摧的铁人，我只想做孩子们成长的同路人，一个也有喜怒哀乐的平凡的人。

孩子们没有因为我的温柔而放松自己，反而变得越来越懂事。军训中我们的队列训练总是不尽如人意。孩子们第一次离开家来驻训，很多人的新鲜感还没过，没有专心训练。饭前讲话，年级组长特意提醒我狠批一下学生。可我一如既往没有训斥，我只是让孩子们想想我们来做什么，我们想如何度过剩下的几天。那天，班委们自己召开了会议想办法，他们甚至主动去说服教育顽皮的男孩子们。晚上，我远远地看见孤独的广场灯下我们班孩子们自己训练的身影，教官和我都感动得要流泪。

当班主任的十年中，这样的感动总是伴随着我。能这样默默见证孩子们的成长是多么幸福的一件事。我庆幸自己没有成为第二个别人，没有强求自己成为一个所谓的严师，我坚定地走在属于我自己的路上，以我独特的方式盛开在三尺讲台上，绽放在学生的生命里。

付出亦是收获

当班主任的日子里我非常忙。为了转化后进生，我不惜搭上休息时间。一次，我们班的小航与哥哥吵架，被哥哥揍了之后离家出走。找到他后，说什么他也不回家，谁劝也不听。他的妈妈打电话给我，那时已经是凌晨一点，长这么大我还从没有那么晚出过门，但想到小航这么晚还在外面更危险，我二话没说出去找他，一直忙到凌晨三点。朋友知道这事，非常不解地问我："他哥哥把他打跑的，又不是上学时间，也归你管?"是啊!想想奇怪，做了班主任后，我真的多了很多这样找不出理由，却又心甘情愿的付出。我想那是我和孩子们之间感情的纽带让我不吝选择一切为了他们。时至今日，当年那个一赌气就离家出走的孩子，已经拥有了自己的公司成了一个年轻的管理者。每年教师节我都会收到一束美丽的百合花，小航说感谢我当年对他的付出。我也很感谢那段无悔付出的日子，让我现在每每想起都沉浸在幸福中。

作为年轻人，在学校中我还担负了许多边边角角琐碎的工作：校园网初中板块的编辑、年级组的计算机管理员、学生成长记录册的插页设计……有时我也会觉得不公平：别人不愿意做的事情为什么要给我这个年轻人做！合理的是锻炼，不合理的是磨练，磨练是成长的催化剂。现在回头想想那几年，是我成长最快的几年。

默默付出，把自己的一缕幽香留在孩子们的成长中，留在自己的岁月里，才能收获更多的幸福。

坚韧不畏挫折

崖上的野百合，居于高处一定经受过风雨，在风雨中绽放一定异常美丽。

我想没有谁的人生能一帆风顺，有些打击也因我们的用情至深而异常深刻。

那年，三好学生初选出了结果。我们班的小雪没能得到竞选市级三好学生的机会，以一票之差输给了班长小旭。回家后，迫于家长给的压力，小雪撒了谎，说是我要她把机会让给了小旭。家长一怒之下闹到了学校，他们不分青红皂白指责我，说我收受了小旭的贿赂，说我和小旭以及他的家长之间一定有什么不正当的关系。那些指责的话语，让我一个二十多岁的小姑娘觉得难以接受，眼泪就要夺眶而出。无奈只有拿出选票才能证明我的清白，而她的家长还是不满意。我回想起这个学年初，班长小旭找到我，说不想上晚自习了。了解情况才知道，小旭的父亲出了工伤，母亲因长期从事洗染工作手臂残疾了，家里一时没了收入，仅靠父亲单位一点赔偿金，连给他母亲治病都不够。家长会结束，我陪小旭妈妈聊了好久，操场昏暗的灯光下，我看到一个母亲饱含泪水的双眼。她说："作为母亲我很失败，连让孩子吃好的钱都没有。"我跟小旭妈妈保证向学校申请减免孩子的学费。其实，我心里早有了一个计划。从那以后，不论学校交什么钱，我都告诉小旭学校考虑他的情况免了他的学费，并让小旭收钱。这样班里没一个孩子知道他的情况，等他把收齐的钱交给我，我再默默地帮他交了。就这样我一直坚持到小旭毕业。他家哪里有钱来贿赂我呢？小雪的家长曾经多次想送礼给我，我又哪次接受过呢？他们为什么这样说呢？我实在想不通。一时间这事也在学校传出了各种版本，那时我不知道度过了多少不眠之夜。我头上无数荣誉的光环，此时早已碎成了一地玻璃，片片都刺痛我。

无意间，我打开了张万祥老师的博客，老师的自传我读了一遍又一遍。面对别人的质疑，张老师没有被打倒，反而有了更大的动力。我今天所经历的，比起张老师可以说是微不足道。当我看到张老师亲手写的读书笔记时，我震撼了。读张老师的经历，像跟一个强者在对话，他让我看到了自己的脆弱，看到了自己内心的渺小。也让我意识到挫折是人生的宝贵财富。

我有了一种从未有过的力量，我收起了脆弱和眼泪，开始在我的路上继续前行，我相信风雨中的野百合才最美。

坚守那份幸福

有些老师很怕做班主任，我却乐此不疲，因为我感到了无比的幸福。第一次带班，我的班级可以说文艺、体育、学习样样红。有人说："好好珍惜，有的老师一辈子都遇不到这样的好班。"细品这句话，让我黯然神伤，几年的努力似乎都归于幸运。同事听了这话，也为我鸣不平，多年的辛苦他们看在眼里。指导老师蒋老师感慨地说："出头的椽子先烂，我真不想你成长得太快，树大招风。"那时，我真有点泄气，不想干了。

沉静下来，我思考了很多，这些年的一路艰辛早已化作我宝贵的记忆，每每望着操场上孩子们整齐地做着操，想起他们刚进校时的样子，感悟他们的成长，想想他们的未来，我都感到无比的幸福。教师节，孩子们充满深情地给我写信，我才知道他们懂我。最后一次家长会时，家长们长时间站立鼓掌，我知道我的付出是有回报的。这一切都是属于我的幸福，又何必在意别人如何说呢？

对于班主任岗位的坚守，无关毅力也无关成就，是巨大的幸福召唤我一路向前，沉浸其中就沉浸在幸福中。

十年来，跌跌撞撞磕磕碰碰。毕业的学生说，她还深深记得我在班门口穿着黄色的连衣裙微笑着迎接他们。如果说这是场旅行，对于周围的风景我的心越来越成熟，越来越释然。我看淡了一次次评比、一个个荣誉，与学生的成长相比这些都会黯然失色。时间流过，转眼走过了青涩的年华，我心中满是感恩。我感谢生命中遇到的所有人，他们或鼓励了我，或磨砺了我，让我这朵野百合在班主任工作的路上开得灿烂。

一路收获，一路成长，我这个 80 后班主任会一直在育人之路上探索下去。

(作者单位：天津市河北区扶轮中学)

快乐幸福：班主任工作最好的恩赐

郑立平

在多次班主任培训中，我都曾做过一个同样的现场调查："对自己的工作满意，感觉自己的教师生活比较幸福的，请举手。"其结果也惊人地相似：稀稀落落，寥寥无几。难道这就是承担着要给学生创造今天的幸福生活和未来生活的幸福这个伟大使命的教师？而且还是对学生一生能产生重大影响的班主任老师？是什么使他们的生命之火如此地暗淡？是什么给他们的心灵投上了悲哀的阴影？

很明显，我们的多数班主任过得不幸福。苏霍姆林斯基说，"教育的理想就在于使所有儿童都成为幸福的人"。诺丁斯教授说："教育的过程和归宿都是幸福"。可是，一个连自己都不幸福的人，一个自己都无奈生活着的人，很难也不可能带给别人快乐幸福。所以，能否在教育教学、班级管理中找到乐趣，就成了影响班主任工作和生活质量的一个重要问题。

也许大家听说过希腊神话故事《普洛克路斯忒斯之床》。恶魔普洛克路斯忒斯有一张床，他守在路口，见到行人就把他们抓来放在床上量一量，太长就用斧子砍去脚，短了就拉长，以便符合床的标准。结果被他丈量过的人，没有一个不是一命呜呼。幽默的故事，让我们沉思，它在育人模式和人才标准上能给我们太多的启示；但是，我们很多教师却在用普洛克路斯忒斯之床衡量学生，也在衡量自己。他们喜欢把自己从事的教育教学工作和机关办公室工作比，羡慕别人工作的清闲，懊恼自己工作的辛苦；喜欢把自己从事的教育教学工作和个体经商比，眼红别人挣钱容易，慨叹自己工资的低廉……这样比来比去，比高了别人，却卑劣了自己！他们羡慕别人职位的显赫，却看不到官场的挣扎；羡慕阔老出手的潇洒，却忽略其创业的艰辛、商场的尔虞我诈……不是说不可以和别人比，可是我们应该知道我们要和别人比较的目的是什么呢？是为了让自己进步！是为了让自己对照思考——我怎么才可以更好？自己把自己比得都没了信心和斗志，岂不是愚蠢之举。当然，我们的工作确实很累，但快乐承受与痛苦忍受是两个天壤之别的境界。许多工作既可以显得无趣、无意义，也可以显得有趣、有意义。到底有没有乐趣、有没有意义，关键在于做事人的心态。在我们看来好像无意义的事，却总有人乐此不疲。你戴着墨镜，满眼灰暗；你面对太阳，一片灿烂。正是莎士比亚所说：如果我们把自己的身心比作一个园圃，那么我们的主观意志就是园丁。在这个园圃里种上什么样的花草，抑或什么样的树木，还是任其荒芜，决定权完全在我们自己。荒漠中有一块块绿洲，盐碱地上有一行行刺槐，即不论我们身处何境，我们还可以选择自己的心态；不论我们从事什么样的职业，我们都可以把它当作自己的福地。人比人气死人，凡是那些喜欢和别人比气自己的人都是愚蠢的人，爱迪生一生扎身于枯燥的实验室，为了找到合适的导电材料就实验了 5000 多次；陈景润把自己关进阴冷的小书屋，为了证明 "1+1" 的猜想就演算了几麻袋纸；魏书生老师当校长、局长时，每天有那么多的事务，却依然地兼任班主任……在许多人看来，他们简直有些傻，可他们却乐此不疲、沉浸在特有的幸福中。实际上，外人很难理解一个真正投入者的内心感受，正如我们高兴地做一件自己非常喜欢的事情，即使大汗淋漓、精疲力竭，但心里却特别痛快、特别舒服。

实践证明，调适好自己的心态是解决问题的关键所在。作为班主任，我们应该更多地关注自己的心灵世界，营造一份平和的星空，活出自己的精彩！教师的工作环境和工作能力肯定是有差异的，但是心情应该没有差异。如果一个教师的内心没有充盈着幸福，那么他的工作肯定不会有较好的成绩；如果一个班主任的脸上没有洋溢着笑容，那么这个班级肯定没有朝气；如果一位教师对自己的工作没有一种自豪感，那么他自己也肯定没有多大的发展前途。我们要"笑着做教师、蹲着看学生、乐着做同事"。

其实，我们和教育，和班主任，就是一种恋爱婚姻式的关系。我们多数人开始并不一定喜欢，出于各种原因才走上教育，当了班主任，这种情况可以看作是"先结婚后恋爱"；极少数人是因为喜欢教育，喜欢班主任，所以就从事了教育、愿意当班主任，可以称之为"先恋爱后结婚"。但不管怎样，我们既然已经和教育、和班主任结了婚，又不想离婚，那怎么办？只有好好地爱！只要用心，就一定会越来越觉得这场"婚姻"同样甜蜜、同样幸福！一个享受快乐与幸福的班主任，必定是成功的班主任，反过来，一个真正优秀的班主任也一定是幸福的人！

我为什么喜欢当班主任？有个朋友听到我极不愿接受一份学校行政工作时，又问我这个我曾经询问自己百遍的问题。他感到大惑不解？是的，这个平凡的职业可能会使我无钱财无权势。可是他没有注意到我有的是钱财权势得不到也买不来的东西。我每年都有几个月的时间可以自由安排，可以尽享读书、写作的乐趣，也可以享受休闲、旅游的轻松。

这对许多人来讲，简直是一种可望而不可即的奢侈；上课时，我可以煽动智慧之火，激情飞扬、慷慨陈词，也可以提出诸如"财富有什么用"等幼稚而深刻的问题，和学生们一起探讨人生的许多道理；办公之余，我们可以读书、思考、交流，甚至可以和孩子们一起到田野里玩个昏天黑地；我可以亲眼目睹一个又一个孩子如花骨朵般一天一天地生长、绽放、飘香，就像创世之初亲眼看到泥土露出生机一样欣喜与满足。

当班主任，我有那么多机会可以思考、创新、尝试；思考，特别是想自己的事，在班级这块自留地中种植自己的一些想法，那更不是一般人所能享受的一种自由与创造的幸福。更为重要的，我还可以获得一样对生命最重要的东西——爱！不单是对学习和书本的爱，不单对各种知识和思想的爱，还有对学生的爱。这种爱，可以让我一生萦绕着充实与幸福！在我们中国，你很难有自己的土地，可是我们却有班级这块福地这块沃土，只要你不违背教育规律，只要你不违反教育政策，在这块自留地里你种什么都可以。

我们一般人都有一个错误的思维逻辑，就是总认为：我努力工作——取得好的业绩——就可以获得想要的幸福。可是，事实上，却往往是：我比较快乐幸福地工作——业绩才会更突出——才会获得发自内心的快乐幸福。快乐是自己送给自己最好的礼物，愿每一个班主任都拥有阳光般的心态，积极面对生活的挑战，激情着迎接每一天，学习着充实每一天，思考着过滤每一天，品味着享受每一天，快乐着成长每一天。喜欢自己做的事就幸福，在工作中找些自己喜欢的事做你就快乐。只要你用心耕耘，在教育，特别是班主任这片平凡的土地上到处都能收获一种神奇的果实，它的名字叫"快乐幸福"。

（作者单位：北京师范大学青岛附属学校）

幸福能量的密码

王杰英

　　成功不是幸福的秘诀，幸福是成功的秘诀。如果你热爱自己所做的事，那么你将会成功。

——艾伯特·史怀哲

　　作为一名年轻的班主任老师，幸福能量的密码是什么呢？我想许多复杂的问题，其实有两个字就能解决，那就是热爱。热爱不同于一般的爱，是如同热恋中的恋人们般痴情，全身心投入其中，达到忘我的境界。一个人的工作态度折射着他的人生态度，而人生态度决定一个人一生的成就。你的工作，就是你生命的投影。

　　老实说，我最初是不愿意当老师的，觉得当个孩子头，没什么前途。可是命运却总喜欢捉弄人。我永远也忘不了恩师李雄居校长，把我要到母校，让我为母校做贡献。是他给了我人生新的起点，给了我生命的激情，也让我最终由一个教育的"叛逆者"蜕变为虔诚的"朝圣者"。

　　面对现实，我决定既来之，则安之。初为人师，我就受到领导的"重用"，说是重用，其实是考验。让我接任高一唯一一个文科班的班主任，并兼政治教师。刚参加工作，就担任班主任的重要角色，没有任何的经验积累，那段日子，是极其难熬的，我几乎是在痛苦的反思中度过。我们这里的文科班通常被人称为：渣子班。因为文科班的学生，大都是些学习与纪律的双差生，当然也有一些文科稍好一点的学生，但这样的孩子只是少数。毋庸置疑，身为这样班级的班主任，工作的压力和难度可想而知。当时，我记得老校长曾经语重心长地对我说："文科班的学生不好管，政治学科不好教啊，你的担子很重，你要加紧学习，争取早日成为名师！"我把老校长的话记在心上，开始了自己的艰难跋涉之旅。

每天 5：30，当人们还在睡梦中时，我早已出现在学校的操场上，坚持和学生一起锻炼，为学生树立榜样，带头出操。无论刮风下雨，无论严寒酷暑，我披星戴月，一如既往，无怨无悔。一天的工作中，要处理许许多多未知的事情。白天要备课、批改作业、查阅资料、找学生谈心，一直到晚上10：00多，当学生们都已经安然入睡，查完晚睡后，我才踏着月色回到寝室。可是尽管我整日忙碌，脚步不停，学生们并不领情，状况不断。每次班级量化，我们班都是倒数。我为此苦恼过，灰心丧气过，更想过就此放弃。可是天生倔强的我，有着不服输的个性，强烈的自尊心不容许我就此罢手，屡屡的失败，不但没有击溃我的意志，反而更磨练了我的斗志，明知山有虎偏向虎山行！我要突出重围！

顶着沉重的压力，我食不甘味，夜不安眠，失败的原因究竟在哪里？老校长再次意味深长地对我说："孩子们都是青少年，正是早晨七八点钟的太阳，他们有血有肉有思想，是活生生的人，不是机器，做人的工作可是一门艺术呢。"他的话令我深思，给我启迪。于是我突发奇想，让班长在后面的黑板上写上了四个大字：愈挫愈勇！我告诉他们，困难和失败都算不得什么，重要的是无论什么都不能摧垮我们的信心和意志，我们要团结一致，齐心协力，共创我们96-7班的辉煌！接下来，我让班干部们主持召开了一次《团结起来，共创辉煌》的主题班会，这次班会，很多同学走上讲台谈了自己的感想，号召同学们团结起来，我印象最深的是蒲春暖同学握起拳头说："手只有握成拳头才最有力量！"她的话赢得了同学们的掌声，也给了我深刻的启示：那就是学生们的智慧和力量是无穷的，他们蕴藏在心底的激情需要点燃，而我要成为点燃孩子们激情的火种！我发觉自己必须要转换工作的思路，光是高标准、严要求学生还不行，学生们毕竟是有血有肉活生生的生命，十五六岁的他们哪能不犯一点错误，我对他们的爱，苛刻而近乎无情，严厉而近乎窒息，使学生们失去了活力，失去了他们这个年龄应该享受的关爱和鼓励。我应该让学生感受到我对他们的真爱，我不能再吝啬我对他们的表扬和激励，我要用爱心感化他们，用宽容化解他们心底的坚冰，用自己的人格魅力去唤醒他们心底的阳光！

高三时，学校综合考虑，没能让我再担任高三班主任，但仍让我跟班走教课。我开始全身心投入教学，不惜牺牲所有的休息时间辅导学生。那时候，我已身怀六甲，但仍然坚守着岗位。由于角色的转换，我与学生接触得多了，我不再板着面孔，当学生遇到难题时也不再严厉地指责他们为什么上课没有认真听讲，而是耐心地给他们讲解，一遍不会再来一遍，不厌其烦，直到学生把问题弄通搞懂。学生们改变了对我的看法，和我无话不谈，也对我极其尊重，我虽不再是班主任，但学生们依然把我当班主任看待，亲其师，信其道，那年的高考，我所教的政治成绩，一下子进入全市十五所重点中学的第九名，改写了倒数第一的历史。校长在全体教师会上表扬了我，为我颁发了优秀教师的奖状。我的努力，终于结出了累累硕果，最终赢得了领导和师生们的信任。我知道我成功的密码无他，唯全身心投入，热爱工作，热爱学生。接下来，学校决定让我接任下届高三，因在评教评学中，学生对我评价极高。可是我拒绝了，重新审视自己这三年的历程，反思自己的教学和管理。我发觉自己这三年来的工作带有很多盲目性和随意性，班主任工作的含金量极低。使我百思不得其解的是，学生是如何取得了优异的成绩?! 也许上天是公平的，它为我全心全意地付出而感动。我发觉我需要充电，教育教学管理绝非我刚来时想象得那样简单。这真的是一门高深的学问和艺术，充满着神奇与智慧，我想重新来过！校长在遗憾中答应了我的请求，让我重接高一，担任班主任。很多人对我的举动很不理解，放着好好的高三不教，非上高一去受苦，想不开。然而，他们又哪里明白我的想法和心愿呢，我要从哪跌倒就从哪爬起来，重新寻找属于我自己的幸福！最主要的，是我要重新打造自己的班级。全身心投入取得的成功，让我找到了自己的目标和方向，我将一如既往，再创辉煌。

一个人的工作激情来自于对自己本职工作的热爱，只有热爱才能真正地投入热情去把工作做好。有时候你无法控制自己的工作环境，但是你可以选择自己的应对方法。记住，只有你自己真心热爱你的工作，工作才能变成你的天堂。"选择你所爱的，爱你所选择的。"这正是我们对待人生和事业应有的态度。当你热爱你的工作时，你的工作就不单纯的是一种劳动，而是一种娱乐。

当你热爱自己的工作时，你就会像热爱自己的生命一样，想要去为之奉献自己全部的能量。正如知名班主任万玮所说，也许每一名成熟的班主任回过头看，都会发现自己必经这些过程：失败，反思，再失败，再反思……如此几个回合，终于有一天恍然大悟，茅塞顿开。你希望生命中出现彩虹，就必须接受风雨的洗礼；你想获得人生的金子，就必须淘尽生活的沙砾。再接任高一（7）班班主任，我的工作有了全新的思路，我开始大刀阔斧地"创新"，我要引领我的孩子们追寻幸福的真谛；班级是一支歌，只有深情吟唱，才知它的激越；班级是一条路，只有自己走，才知它的艰辛；班级也是一片实验田，这片实验田也是你编织梦想的摇篮、展示才华的舞台。

我的辛苦付出，终于换来累累硕果。2007年我荣获优秀共产党员称号，2010年获县级优秀教师，同年获第六届全国优秀班主任、县级骨干优秀教师。2011年获市级先进科研工作者个人，2012年获优秀班主任，市级先进共产党员，之后又从全校参与竞聘的11名教师中脱颖而出，评为高级职称。其实，荣誉和证书都说明不了什么，很多年前，我曾为不能获得荣誉而烦恼，因为影响评职，可是荣誉和职称又能说明什么呢？它是没有办法与我们付出的努力和心血成正比的。于是，我开始坦然，全身心去热爱和奉献于我的事业，没想到荣誉也像雪片般飞来，这荣誉包括家长的称道，学生们的爱戴，同事们的赞许，领导的信任，而这些才是我们真正充满能量的密码！

（作者单位：河北省衡水市饶阳县饶阳中学）

站起来，长成一棵树

王新国

人的一生，就是一个不断成长的过程。每个人的成长，注定都是不容易的。从教二十五年、担任十八年班主任的我，谈不上什么成功，但心中有一颗理想的种子，努力地深藏在教育大地上，生根，发芽，成长，长成一棵树。

陌巷里走来"土"老师

1992年，泰安师专毕业后，我来到离家百里之外本县的一个小镇。走进一条七八十米深的胡同，脚下满是高低不平的车辘辘印儿和人来人往的足迹，一脚踏起一阵土烟，尘土飞扬，顿时布满了双脚和裤管。胡同的尽头，是一扇铁皮大门。这里就是我将要放飞教育梦想的学校，我的工作单位。

"一箪食，一瓢饮，在陋巷，人不堪其忧，回也不改其乐。"每逢走在通往学校铁皮大门的胡同里，我就想起《论语》中的这段话。刚开始参加工作，我对未来充满了希望，和几乎所有刚刚走出校门的大学生一样，怀揣教育理想，想象着未来教育的天空因我的到来能增添一抹亮色。

学校条件有限，设施简陋，所有的教室都是一律的瓦房，一律的水泥黑板，但毕竟是一所县直中学，我是参加了试讲被择优分配到这里来的。我十分珍惜这个工作机会。

开学伊始，学校让我担任初一和初二两个年级四个班的政治课教学工作，同时担任初一（2）班的班主任。我欣然接受了教学任务。那是个盛行以"春蚕""蜡烛"讴歌教师的年代，提倡以校为家。凭着一腔热血，我全身心地投入本职工作。

时间不长，我发现一个奇怪的现象：班里很多学生家长莫名其妙地给孩子调班，陆陆续续去了别的班级。我突然明白，那是因为家长觉得我资历浅，没经验，不想因我的年轻耽误了孩子的前程。不少尖子生走了，班里剩下的大多是成绩一般的。很多学生身上都有着这样那样的毛病，一些纪律涣散、自制力不强、调皮捣蛋的学生总能制造出一些意想不到的难题"考验"我。因缺少治班经验，我顾得了东顾不了西，整天忙得连轴转。

我这才知道，教育教学，当班主任，仅仅有热情是不够的，还需要方法和艺术。可初登讲台的我，哪有多少方法和艺术可言！上师专时读过几本所谓的教育学、心理学书籍，无异于纸上谈兵，学到的一招半式，放在实实在在的教育实践里，也无疑是花拳绣腿，尤其在班级管理上，几乎毫无作用。于是，班级管理问题层出不穷，教学成绩不理想。我郁闷，我彷徨，我想放弃当班主任，不再把大好青春年华浪费在没什么建树的班级管理上。可我的建树又能在哪里呢？

为自己世界的存在而战斗

"即使最平凡的人，也得要为他那个世界的存在而战斗。"作家路遥《平凡的世界》里的这句话深深打动了我。有一天，我突然想起一句话："努力可能不成功，但放弃必定不成功！"经过深刻反思，我认识到：要想提高班级整体成绩，管理好班级很重要，一个班主任，要管理好班级，个人的学科教学必须赢得学生的信服。凭着一股不服输的闯劲儿，我开始了对教学和班级管理方法的寻求。

为了提高教学效果，考出骄人的成绩，我除了深入钻研教学参考书，研究教法学法，精心备好每一节课之外，还利用办公室里仅有的一块钢板，抽空就在蜡纸上刻写习题，夜里常常停电，很多时候就着微弱的烛光伏案刻写蜡纸到深夜，第二天拿到油印室印出来发给学生当练习。有一次，我听说一位在市里上过优质课的老师有一盒教学用的录像带，就赶到30多公里外他的工作单位，将录像带借回来，又借了录像机，将自己家的21寸电视机搬进教室上课，引来学校领导和老师观摩，我首开学校"多媒体"教学的先河。从此，我走上了课堂教学研究之路……

为了更好地跟学生打成一片，建立融洽的师生关系，我深入学生，了解学生的学习状况，学做学生的良师益友。利用周末，我带学生去爬山，到镇上敬老院学雷锋做好事，到学生家里家访。因为单身，且离家较远，周末我很少回老家，几乎每个周末都到教室里办黑板报，美化教室，为学生营造一个温馨的"家"。这些做法为班级管理建立了良好的感情基础，得到了学生的喜欢。

那时候，学校里还没有阅览室，办公室里只有几份报纸，我像书虫一样到处翻找，只要是涉及班级管理的文章我都会逐字阅读、摘抄。一年下来，我搜罗了几百张教育类报纸和包括《班主任之友》在内的一些旧杂志。通过寻觅方式的阅读，结合自己的实践，竟然也总结出了治班的"五勤"方法：腿勤：多往班里跑跑，及时了解班内情况；眼勤：勤读书，多学习，勤观察学生中的新苗头、新现象；脑勤：勤于动脑，多问为什么，多想怎么办；嘴勤：多动嘴多说；手勤：勤做班级管理笔记。

渐渐地，我的课堂教学赢得了学生的喜欢，学科教学成绩优异，赢得了教师同行的称赞和学校领导的好评；我的班主任工作也有了很大起色，班级整体成绩突出。1995 年，我所带的班级中考成绩位居全县第三名，创下了我校中考成绩历史新高，1998 届初三毕业班中考成绩又创新高，我被评为优秀班主任，县先进工作者。

专业阅读为理想插上翅膀

刚开始工作的几年里，我的班级管理工作几乎都是摸着石头过河，多是一些土方法，虽然对报刊的碎片化阅读，让我尝到了一些甜头。但渐渐地，随着走入教育的深处，碎片化的阅读已不能满足我班级管理专业化的需要，我产生了更高的渴望。

可是地处偏僻，相对闭塞，条件有限，对于信息时代的阅读和专业成长方式毫无触及。2006 年，一个偶然的机会，我走进了《班主任之友》教育论坛，在论坛上学会了读帖、发帖，结识了许多热爱教育的网友，交流带班经验，探讨班级管理问题。这里没有年龄的限制，没有职称级别的区分，只有教育智慧火花的碰撞和分享。这样坚持了两年，我的班级管理水平有了很大提高。李迪老师组织"如何才能成为一个善于利用网络学习的班主任？如何才能在网上快速进步"的话题讨论，我写了篇《网络行走："三勤三多"助成长》的小文，后来被张万祥老师选入他主编的《专业发展梦之旅：做一个专业的班主任》一书，这更激发了我求索上进的欲望。我深知自己教育理论先天不足，后天营养不良，必然制约着个人的专业发展，便开始阅读一些专业化的书籍，提升自己的专业素养，购买了李镇西老师的《做最好的班主任》《爱心与教育》《做最好的老师》，还有《陶行知名篇精选》《叶圣陶教育名篇》以及卢梭的《爱弥儿》、苏霍姆林斯基的《给教师的建议》等书籍，几乎是恶补般的阅读、消化、吸收，理论联系实际，我的班主任专业化水平才有了较大的进步。

机会总是给有预备的人准备的，有了扎实的实践基础和较厚的专业理论功底，我争取一切机会参加县、市教学及班级管理优质课评选并屡屡获奖，后来被评为县教学能手、学科带头人，顺利晋升中级职称、高级职称。

怀着一颗感恩的心前行

有人说"一个人走向哪里，看与谁同行；一个人能走多远，看与谁相伴；一个人有多成功，看有谁指点。"我真正开始成长进步，缘于在《班主任之友》杂志及其论坛上的网络行走，缘于结识了一大批富有教育梦想的同路人，更缘于结识了生命中的贵人。其中最突出的代表是全国优秀班主任、德育专家张万祥老师。虽然多年未曾谋面，但张老师一直默默关注着正在班主任专业成长道路上蹒跚学步的我，曾多次免费给我寄来《班主任必读》及他的专著《致青年班主任》和他主编的系列图书。在我困惑迷茫时，不停地鼓励我，鞭策我前行："或许我们没有理想的生活，但是我们必须有生活的理想！理想的大旗永远飘扬！"

从 2011 年到 2015 年，张万祥老师主编班主任专业成长丛书，每次都鼓励我写稿，我抓住机会每次力争写出精品稿件，每次都得到张老师的好评。我先后参与了张老师十二本书的撰稿工作。这是我专业成长最快的几年。买书、读书的同时，我坚持写班级叙事。近年来，我已写了四五十万字的教育随笔，在国家级、省级报刊发表班级管理的文章几十篇，业余还担任了《中国教师报》特约编辑……

　　成长，永远在路上。一个人要快速成长，就要学会在无路的地方，踏出一条属于自己的路。我一直相信，一个人无论处于怎样的境遇，心中都要有一棵树的种子，不断汲取泥土中的养分，积蓄力量，努力成长，让自己长成一棵树！

（作者单位：山东省宁阳第二中学）

我与教育"结婚"

王有鹏

我 1962 年出生在沂蒙山区一个小山村。1979 年高中毕业参加高考，根本没报考师范学校却"不幸"被录取。1981 年师范毕业踏上教师工作岗位，开始了我的漫漫教育修行之路，先后教过小学 3 年，中专 10 年，中学 20 多年，至今仍然奋战在教育教学第一线，把一生最美的青春献给了教育事业，也成就了我一生难以忘怀的育人之情！

叙说我的教育之恋

1979 年的中国，教师经济和社会地位极端低下。那时的我，根本就不想"嫁"给教育，原因还不是教师经济收入高低，最让我无法忍受的就是社会地位。当时整个社会好多人看不起教育和教师，我也看不起！但是我被"逼婚"，无可奈何与教育"订婚"并"结婚"了。1981 年，我在乡村小学任教。"结婚"之初，我对教育没有爱，对学生也没有爱，有的只是愤愤不平和极度苦恼。当时，办公室前面有一排接力棒一般粗细的小柳树，我多次产生把小树连根拔起的冲动！

与教育"结婚"的第一年，我似乎从来没有感受过爱，也没有去爱过。但是，一件小事却引发了我情感的地震，这是我任教近一年来第一次被学生感动。

记得是学生就要小学毕业的某个星期六，中午我睡了一会觉，刚一睁眼，我班的学生小华在窗外问我："老师，布置作业了吗？"

我说："什么作业也没有，你上屋来玩吧"。

我当时稍有不解，小华从来都是注意听课的，没布置作业，她应该知道，为什么又来问我呢？

进屋以后，我正在洗脸，小华坐在桌边的椅子上，不经意地翻弄着一本书，说："老师，这书里有一样东西。"

"什么东西？"

"你自己看看就知道了"，我掀开书本一看，里面一块新手帕。我马上判断出这是小华的手帕。我让她拿走，她拒不拿，开始坚持说不是她的，最后她又说是小芬买的，我怎么能相信呢？我还给她，她把手帕放到桌上，几次三番，忽然一张叠得小小的纸从手帕中掉出来，我说："发现问题了。"

打开一看，我一眼就认出这是小华的笔迹，上面写着这样一句话：

"敬爱的王老师：这块手帕就做我们师生之间的一个纪念品吧。最后请您收下我这块手帕。"

我当时被感动得热泪盈眶，我看到的不是一块小小的手帕，而是学生滚烫的、真诚的心；我读到的不是一句普通的话，而是学生对老师炽热的、纯洁的情！

这第一次的感动，点燃了我教育之爱的火焰，促使我开始重新审视教师这个职业，开始以新的情感面对自己的教育对象，开始以新的热情投入以后的教育工作中。

这就是我的"初恋"！我和教育终于恋爱了！我是典型的"先结婚，后恋爱"。从此，我注意修炼自己的爱心。30多年来，我的爱心不断增强，当小学教师，我有了"初恋"；当师范学校的教师之后，我有了对教育的"热恋"；当中学教师之后，我有了对教育的"痴恋"。如今，我仍然痴迷教育，深有感触地写下了这句话："30多年前，是教育选择了我；30多年后的今天，如果让我重新选择，我会自愿选择教育！"

顺利度过"三年之痛"

"三年之痛"是指人在婚姻的第三个年头，因为婚姻的新鲜感与神秘感都已荡然无存，最终导致两人分手的局面。我当小学教师正好三年，也面临"三年之痛"。三年的小学教师生涯伴随着三年的毕业班班主任。初次担任班主任，毫无班主任经验，怎样和十多岁的孩子打交道，怎样做学生的思想工作，怎样处理同学之间的矛盾和纠纷，怎样抓班级管理，怎样促进学生学习，都可以说是一无所知，因此工作的困惑、烦恼、失误在所难免。我修炼安心，力争做到不为"名""权""利"所动，不为"累""难"所困，心安两袖清风，固守三尺讲台，扎扎实实地工作，死心塌地地从教。虽然当时没有班主任工作经验，但是有的是工作的热情，有的是青春时期旺盛的精力，我不知疲倦地投入到工作中去，较好地完成了各项班主任工作，成功地度过了班主任经验贫乏期，顺利度过"三年之痛"，成了有一定经验的班主任了。

终于克服"七年之痒"

"七年之痒"是指婚姻到了第七年，可能会因日常生活的平淡而感到无聊乏味，婚姻要经历一次危机的考验，甚至导致两人感情破裂、劳燕分飞。我是1988年开始担任中专班主任的，那年正好是我工作的第七年，也正面临"七年之痒"！

中专时期，我的工作对象全是十七八岁的青春妙龄少女。而作为班主任的我，是二十多岁的男老师。女学生感性有余、理性不足，男教师却理性有余、感性不足；女学生细心细腻，男老师却粗心大意；女学生爱计较鸡毛蒜皮的小事，男老师却对此视而不见。一个年轻的男老师怎样和青春期的女学生打交道，是我所面临的崭新课题。我修炼耐心，"卧薪尝胆成霸业，历经磨难求正果"，探索出"耐心"的应对方式，耐心地与女学生打交道，耐心地处理各种班级管理问题。这期间的工作有正确也有错误，有成功也有失败。这是我班主任的经验积累期，我终于克服了"七年之痒"，积累了班主任工作正反两方面的宝贵经验。

成功超越"十年之约"

"十年之约"是指两个人一起携手走过三年之痛、七年之痒之后，约定一起走过第十个年头。经过十年，两人已经成了这个世界上最亲密无间的伴侣。1996年，我校由中专学校改办为中学，我又担任了首届班主任。这时我已经工作了15年，成功超越了"十年之约"，我和教育已经有了比较深厚的感情。

怎样和中学生打交道，又是我所面临的崭新课题。问题更为严重的是，这届学生出奇地差，不仅学习成绩差，而且行为表现更差。担任这样的班主任，是对我班主任方法和智慧的严峻考验，也是对我班主任能力和水平的巨大挑战。面对这样的学生，我带着深厚的教育之爱，以满腔的教育激情投入到班主任工作之中去，努力修炼自己的恒心。荀子说："不积跬步，无以至千里；不积小流，无以成江海。骐骥一跃，不能十步；驽马十驾，功在不舍。锲而舍之，朽木不折；锲而不舍，金石可镂。"这句话启示我坚持不懈、持之以恒。三年来，我以令人难以置信的工作热情，以超出寻常的时间和精力投入，持之以恒地开展了卓有成效的班级工作，不仅顺利送走了这届学生，而且积累了比较丰富的班主任工作经验。这是我班主任的经验丰富期，我庆幸自己能够超越"十年之约"，成为一名对教育充满深厚感情的经验丰富的班主任了！

品尝银婚珊瑚婚的甜蜜

人们对结婚年限长短有不同的称呼。结婚 20 年、25 年、30 年、35 年、40 年分别称为瓷婚、银婚、珍珠婚、珊瑚婚、红宝石婚。与教育"结婚" 20 年时，我树立了成为教育家的雄心壮志，确立了成为有思想、有风格、有学识、有智慧、有品位的快乐型、科研型、反思型、创新型教师即五"有"四"型"教师的奋斗目标。"自闭桃园称太古，欲栽大木柱长天"，在一颗雄心的支配下，我开始持续从事教育研究，总结自己的班主任工作经验，研究班主任工作的技巧、方法和艺术，探索班主任工作的内容和规律，取得了卓有成效的研究成果，单是参与全国著名班主任张万祥老前辈主编的有关班主任方面的书籍就是十几本，还发表了大量的教育研究论文。这是班主任经验的升华期，我品尝到了银婚珊瑚婚等所带来的甜蜜！

漫漫修行路，不了育人情！目前，我与教育"结婚"已经超过 35 年。35 年来，我先后担任了小学班主任、中专班主任和中学班主任，走过了一条班主任经验贫乏期→经验积累期→经验丰富期→经验升华期的班主任成长之路。漫漫"婚姻"路，也是我的漫漫修行路。我执着修炼自己的爱心、安心、耐心、恒心和雄心。经过执着修炼，现在我正尽情享受着教师所特有的幸福！作为新锐班主任，应该积极进取，不懈追求，执着修炼教育之心，力争走出自己独特的、成功的、迷人的、幸福的班主任成长之路！

（作者单位：山东省临沂实验中学）

乡村教育小径上的痴情行走

钟乐江

转瞬间，走上教育岗位已 30 多个年头了。回顾自己的乡村草根教坛足迹，我深感一路走来的艰辛，却无怨无悔，刻意执着。我甘做乡村草根读书人，勤做学生成长的领路人，誓做草根教育的主人翁，痴情行走在乡村教育的小径上。

甘做乡村草根读书人

1984 年中师毕业，我怀着对教师职业的无限憧憬，踏上了从教的征程。万万没想到，自己却被分配到一个最偏僻的乡镇中最偏僻的村小任教。那可是一个前不挨村，后不着店的地方啊！报到那天，当我坐了近两个小时汽车，再爬了好几个钟头的山坡来到学校时，那孤寂的校舍、简陋的教室、朽烂的桌凳，让腿脚酸软的我傻眼了：这就是学校？这就是我梦寐以求的地方？这就是我的未来和希望吗？此时，我的眼泪格外的不听话，直向外涌。

我真想提起行李往回走，可面对着家长们一张张热情的笑脸、孩子们一双双渴求知识的眼睛，再加上陪同我前来报到的父亲的劝说，我止住了脚步。读师范时老师的教诲也响彻耳际：爱岗敬业，教书育人是我们的天职，无私奉献是老师的精神；扎根乡村教育，是我们师范生的职业方向。想到父母辛辛苦苦把我拉扯大，有这份工作不容易，我无奈地留了下来。

善良的乡亲们给我送来了米粮、蔬菜，朴实的孩子们给我捡来了柴火，日子虽过得清苦，心里倒觉得甜甜的。白天，和孩子们在一起，倒也快乐，可一到晚上，面对昏暗油灯下的孤影，心里倍感寂寞无聊。为了打发那孤寂的夜晚，我只好拼命地读书。可在那样偏僻的乡村，哪有书读呀。没办法，我把师范大学的课本拿出来，不厌其烦地读，读书伴我度过了一个又一个孤寂的夜晚。

从此，我变得好静了，也因此喜欢上了读书。在以后的教育生涯中，我读了不少书。郑杰的《给教师的一百条新建议》、李镇西的《教有所思》、王晓春的《今天怎样做教师——点评100个教育案例》、窦桂梅的《玫瑰与教育》、万玮的《班主任兵法》、张文质的《慢教育》等，让我大开眼界，备受启发。

山村人真是淳朴。看到我一个人在学校里住，乡亲们让稍大一点的男孩子轮流着留下来，给我搭伴。和这些淳朴可爱的孩子在一起上课、嬉戏和玩耍，倒也感到充实和快乐。渐渐地，我爱上了这个山村，爱上了这份工作。

回顾当年那段经历，在世人眼里，我是孤寂的。别人三五成群结伴外出游玩时，我却独自待在家里看书；别人和朋友聚会聊天时，我却在凝神反思自己的教育教学；别人邀朋请友一起休闲娱乐时，我却在辅导孩子们学习；别人晚上熄灯就寝时，我却在潜心记载自己的教育教学心得……2008年3月，新教育研究中心和华东师大出版社"大夏书系"编辑出版"教师专业成长"随笔文集，我的《小故事解读管理大智慧》收录在《学校管理的艺术》中，另一篇《大山伴我静静成长》收录在《与优秀教师同行》中，看到自己的名字与卢志文、李镇西、窦桂梅、许新海等众多名家出现在同一本书里，心里有说不出的高兴和自豪。

漫步在乡村教育小径上，虽然远离了城市的繁华与喧嚣，缺少了朋友聚会的热闹与欢乐，可那些淳朴可爱的孩子们，却让我感受到了独有的快乐和幸福。为了心中的教育梦想，为了做一名合格的班主任，我愿做人们眼中的踽踽读书者，甘做这乡村草根读书人。

勤做学生成长领路人

著名作家魏巍《我的老师》中的女老师蔡芸芝，从来不打骂学生，平时爱和学生在一起，教学生跳舞，教学生观察蜜蜂，教学生读诗写诗……她是以人为本的楷模，她是学生的良师益友。在班主任工作中，我坚持向蔡芸芝老师学习，把学生当朋友，做平等中的首席。

我班有个转学生叫张华（化名），刚转来时，家长告诉我，张华学习成绩不太好，有些自卑，但又很倔强，和原来的老师关系弄得很僵，所以转到这来读，希望我能帮助转化他，我心里记住了张华这个名字。

一次数学考试，学生在静静的思考答题，我在教室里来回巡视。突然，我发现张华题答得不错，最后一道难度很大的题居然答对了，解题思路也很特别，我很惊讶，指指他的答题，竖起大拇指，露出称赞的微笑，他竟然羞赧地低下了头。

考试结束，我第一个评阅他的试卷，看着他的一道道答题，我感到很惊喜，他的思维居然这么特别。我赶紧叫班长通知他来办公室。看他磨磨蹭蹭地来到办公桌前，我用手拍了拍他的肩膀，说："平时还没看出来，你小子的数学功底不错呀，解题思路很特别呢。"我再次竖起了大拇指。也许是第一次得到老师的夸奖，他羞赧的脸一下子红到了耳根。临走时，我再一次拍拍他的肩膀，说："但还得改改马虎的毛病哈。"那次考试，最后一道题，只有班长、学习委员和他做对了。评讲试卷时，我在班上表扬了他，还特意让他给同学讲解最后一道题的解法。后来，我选他当了数学课代表，经常叫他上讲台给同学讲解。渐渐地，他自信心增强了，数学考试几乎次次名列前茅，其他学科也不断进步。

有一天，他来交数学作业，我叫住他，问他以前为什么爱和老师作对。他说："我那是和老师作对吗？以前的老师很固执，总是高高在上，从不让我们发表意见。我说的是对的，她也不接受。所以，有时候，她叫我那样做，我就偏这样做。"我很惊讶："你就这样对待老师吗？"他有些急了："不，不是，我对您就没那样，您和她不同，您把我们当朋友，我可爱听您上课了。"

这么些年的经历告诉我，要教育管理好学生，就得把学生当朋友。我们不能总是高高在上，俨然以长者、强者的身份去压服学生，把学生当成被驯服的奴隶，而应俯下身来和他们平等交流，包容他们的缺点和过失，引导他们及时认识到自己的不足并自愿改正，避免他们滋生抵触情绪，破罐子破摔。在和学生相处时，不能老是在学生面前指手画脚，要学会倾听，多静下心来听听他们的心声；在学生遇到困难、出现缺点和错误时，要心平气和地和他们一起分析困难，通过信任和鼓励架起师生情感交流的桥梁，以此拉近师生心灵距离，和谐师生关系，教育引导他们健康成长。

誓做草根教育主人翁

在草根教育生涯中，我深深感悟到，要做好班主任，不仅要做教育管理的践行者，还要做反思和研究者，要不断总结和提炼自己的经验，和他人共同成长，要和教育同仁们一起，做教育的主人翁。

在工作中，我始终坚持写教育日记，记录教育教学和班级管理中的点点滴滴。每天休息或闲暇之时，我会把当天教学中遇到的问题和教育管理学生过程中处理的主要事件，用日记的方式记录下来，事后，再对照日记，反思自己在教育管理和教学过程中出现的偏颇，设想最佳方法，寻求最佳效果，并写下反省日记，督促自己在以后的工作中，相同的缺点和偏差不再出现。与此同时，我还坚持写博和投稿。我建立了自己的"博客"，经常进入各种教育论坛，就里面的"媒体征稿"和"话题讨论"，有针对性地参与讨论，本着"百花齐放、百家争鸣"的态度，发表自己的见解和看法，和同行们交流，并将它写进自己的博客，通过电子邮件投稿，以更新教育理念，转变教育思想，提高教育教学业务能力。

鲁迅先生说，哪里有天才，我是把别人喝咖啡的工夫都用上了。为了挤出时间学习、写作和研究，我花了很多功夫：别人闲聊时，我在凝神思考；别人娱乐时，我在潜心阅读；别人熄灯就寝时，我还在和论坛博友们探讨交流……我坚信：我的时间我做主，我的写作我做主，我的研究我做主。我要利用别人"喝咖啡"的工夫，把自己"打磨"成完美珍贵的"玉器"。

教学是只有起点，没有终点的双边活动；班主任工作也是只有起点，没有终点的育人工程。凤凰涅槃，浴火重生。30多年的乡村教育足迹，在别人眼里，我是孤寂的，但看到自己教育帮助过的学生遍及祖国大江南北，我有着自己独特的幸福感。在通往教师专业成长的道路上，我们应不断磨练，永不满足，要执着自己的教育信仰，誓做教育的学习者、实践者、反思者、研究者和主人翁。

(作者单位：四川省广安市教育局)

造就心灵的丰美草原

张爱敏

　　我很喜欢狄金森的《要造就一片草原》："要造就一片草原，只要一株三叶草、一只蜂，再加上白日梦。有白日梦也就够了，如果找不到蜂。"我也要造就一片草原，只需要一个教育梦，一间教室，再加上自己不懈的努力。即使没有平台，即使像执着的犟龟一样，错过了狮王十八世的婚礼，也没有遇到狮王十九世的婚礼，但我的教育生活也依然有滋有味。

播下一个诗意的梦

　　2009 年 8 月 30 日，我迎来了新一届学生：学生全部来自其他学区，入学考试满分 200，这个班 120 分以上不足 4 人，90 分以下则大有人在。学生全部寄宿。学校对于这个班集体的考评，则另当别论。

　　众说纷纭中，我走马上任了！要干就干成最好的，这是我的风格。

　　9 月 1 日是新生报到的日子，打扮得清清爽爽的我，早早地就来到学校，开始了班主任的第一天。张贴录取名单，楼下等待报到，安排学生住宿，课本领取发放，学生座位编排，统计充值饭卡，班委委员自荐……忙而不乱，有条不紊。

　　课间操休息，端详一张张童稚的面孔，聆听他们叽叽喳喳的声音，碰撞一双双纯真略躲闪的目光，我的心儿不再平静：我将打造一个怎样的班集体？我将如何编织与七（1）班有意义的三年生活？我将开发怎样的课程，成就卓越学生？我将如何引领这 31 个孩子书写生命的传奇？我能像卓越的教师们那样，创造教育的奇迹吗？我能像常丽华老师那样，开发出《在农历的天空下》如此卓越的课程吗？我能像干干和铁皮鼓那样，坚守新教育这片土地吗？我不敢坚定地去承诺，但我愿意去尝试！

第三节是语文课，我手执一沓彩纸走进教室，一下子吸引了孩子们的目光，有几个胆大的孩子跑上来询问："老师，上课做什么呢？"

"个人名片！"我举着彩纸回答。

一句话班里就炸了锅，"个人名片？""怎么做啊？""是不是就像去店里人家给的名片啊？"孩子们纷纷质疑，七嘴八舌。

击掌示意，微笑对视，孩子们便迅速跑向座位，挺直了腰板，屏息细听。

我详细介绍了名片制作的方法、内容以及注意事项，话音刚落，教室里就沸腾起来。询问，解答，质疑，商讨，建议，短暂的交流后，彩纸在孩子们手中转动，不一会儿，造型各异、美观大方的个人名片已举在手中向我示意，我微笑点头，提示设计内容。此时，纵观了整个制作活动中孩子们的表现，观其神，诊其性格、特长、潜能，我已做到了"眼中有人，心中有数"。随着交流，陌生感渐渐消失，美丽的愿景犹如一幅画卷在《致全体学生的第一封信》中徐徐开启。

我给孩子们播下一个梦，也为自己培育卓越班主任播下了一个梦。

编织一张美丽的网

忘不了那部名叫《夏洛克的网》的电影，更忘不了夏洛特为威尔伯所织的网，我决心也要为我的 31 个孩子编织一张张网：认识自己，学会悦纳，学会学习，学会合作，学会成长。

于是，我把班级发展规划放在第一位，依据班情、学情制定班级长期发展目标与学生短期成长策略，这是班级发展的第一张网——"纲"，打造班级的精神和灵魂，真正把班级还给学生，做学生的精神领袖，人生导师。

于是，我先了解班情，即班级学生的差异，做出正确的评估，进行科学合理规划，并把铸造班级文化、培育学风作为班级发展规划的关键环节，这是班级发展的第二张网——让每一个学生学会悦纳，学会合作，学会成长。如利用主题班会增强班级凝聚力；运用宣传栏丰富课外知识；利用会说话的墙培养学生正确的价值观。通过文体活动陶冶学生情操；书法绘画培养审美意识；班际竞赛激发团结拼搏意识。借助校讯通，家校合力，构筑良好的成长环境，营造学习氛围，制定班级学风建设规划。班级的向心力凝聚力逐渐形成。

于是，我善于把每一个教育教学细节都变为文化——这是班级发展的第三张网。"运筹帷幄，决胜千里"。一支高素质的队伍，一个科学合理、权责明确的班级管理体系的构建起着举足轻重的作用。2009 年，我们构建了以班主任、常务班长、团委书记为代表的班级管理体系，下设六大部委：卫生部、学习部、财政部、宣传部、文体部、书写部。班级管理体系目标，让学生参与讨论，集思广益；班规班纪，让学生参与制定；班级大事，让学生参与谋断。"班级岗位责任制"管理模式全面启动后，事事有人管，处处有人问，真正实现了把班级还给每一个学生，培养了学生的管理能力和服务意识。

中考倒计时一百天的誓师大会上，"笑傲群雄，最强一班"的誓言铿锵有力，黑板上方，"一个也不落下"的班级共同愿景格外醒目！

注视着 31 双纯真的双眸，我深情地说："同学们，还记得老师说过'不抛弃，不放弃'吧！……如今，冲锋的号角已经吹响，我期待 31 张鲜红的通知书捧在手上，我再一次用亲切的声音呼唤你们每一个人的名字。那该是多么令人向往的境界！同学们，你们愿意和老师一起抵达这美好的境界吗？"

同学们激情昂扬，班委会成员提议重新组建学习小组，文理搭配，优差结对，营造"帮、赶、超"的学习氛围。

最后 35 天，我们师生彼此沉醉在美丽的网中，耕耘在美丽的网中，我好像听到自己生命拔节的声音！

筑起一架成长桥

在长期的班主任工作中，我努力借鉴名师名班主任管理班级的理念与方法，并勇于实践、大胆探索、积极创新，打造出自己的"班级品牌"，开展了一系列丰富多彩的活动，也取得了一系列可喜的成果。例如，我根据自己多年积累的资料，汇集整理成了四五十多万字的《班级管理知识储备库》，分为"德育故事库""学生案例库""活动素材库""管理方法库"四部分，有效地指导工作实践。

再如，当我与 31 个孩子一起穿越青春岁月，当孩子们的精神因诗歌而获得充分地舒展，因阅读而享有成长的愉悦时，成长的何止是孩子！时间一天天过去，每一个黎明都在孩子们期待的目光里悄然而至。中午，当别的班还是一片喧哗时，一班的教室已是书香弥漫。晚自习前 10 分钟，是"暮省"时间，倾诉一日心得，书写小组循环日记，沟通与写作相得益彰。单周的周日晚自习设置为电影课，双周的周一例会安排为主题班会展示课。另外，我们为班级聘请"表情监督员"，制作"生日月历卡"，采用"诗意作业本"，储存"德育故事库"，发布"班级牢骚会"，实施"事务竞标制"，还有让学生视若珍宝的期末颁奖词、班主任寄语，等等。

我深深地知道，创新方法仅仅是管理的一种手段，更重要的是善于走进学生的心灵，师生肝胆相照，才能抵达成功的彼岸。于是，我采用让学生写说明书来反思自己，来梳理其心理历程，进行心灵的忏悔，并为自己的错误买单。如：迟到、做小动作等小错以唱歌等艺术类节目弥补；违纪稍严重的及损害班集体荣誉的要学会承担责任后果，并为班级做一件好事；情节特别严重的错误要写出说明书，交代清楚事情的前因后果，自己违纪后的想法和今后的打算，甚至可以为自己辩解。

一次，班里出现三男两女五位同学周五未返家，而是去县城欢度圣诞节的事件。我当即出去寻找，当历经四个小时，费尽了周折，直到 23 时 30 分，五个孩子终于安全返家。周一，我在教室一句话没提，而是把他们分别找来谈话，没有批评，只是询问，只是假设——假设你们遇到社会青年的劫掠，假设你们遇到违法分子的绑架，假设你们的安全出了问题，假设……后来，当我陆陆续续收到五份说明书，只说了一句话："我希望感动我的不只是说明书，更重要的是行动！"

我试图，造就心灵的丰美草原。以静待花开的心态去经营班级，让学生有着不同凡响的经历，让犯错误的心灵满怀愧疚，让他们的生活和世界焕发奇异的光彩，让我们的教育生活有滋有味。

（作者单位：河南省长垣县樊相镇中心学校）

第四辑　独特·思维

　　有的班主任思维独特，善于用有创意的各种活动和教育方式来启迪学生；有的班主任心怀学生，善于从学生的角度看待问题。他们收获学生的爱，更收获教育成长的幸福。

"四心"护体成就了现在的我

钟 杰

很多人都问过我一个相同的问题："你能告诉我，你是怎么从一个农村女教师成长为全国知名班主任的呢？"

我认为最重要的原因便是我有四颗心——工作心、教育心、悲悯心、体谅心。正是因为有这"四心"护体，我才成了现在这个样子。

母亲为我培育了一颗工作心

我的父母是一对两地分居的夫妻。我爸在城市工作，我妈在农村劳作。我和弟弟随我妈在农村生活。我是家里老大，无可推诿，必须是我妈最得力的帮手。

3岁时，妈妈就要求我每天打一背篓猪草。6岁时，妈妈就教我生火做饭。10岁不到我就要下地干农活。12岁那年冬天，妈妈把我弟以及整个家都交给我，然后去我爸那里过冬了。我必须独当一面：照顾弟弟，陪伴奶奶，煮饭、养猪，管理庄稼，泡酸菜，做咸菜，甚至连自己的鞋也得自己做。

妈妈将我和弟弟变成了留守儿童，但她并没有减少对我们的爱。虽然她在父亲那里，心里还是牵挂我们，经常写信，字里行间满满都是爱。我和弟弟最享受的就是读妈妈的信，读完心里暖暖的，充满了希望。奶奶虽然一字不识，但她是一个非常精致的人，会讲很多的故事，非常疼爱我们，有她的陪伴，让我们从未有过被抛弃的感觉。

我喜欢工作，更喜欢做事的过程。我的态度是，如果是我的责任，并且是有积极意义的，我会做得有滋有味，并享受工作的整个过程，我喜欢看到事情在我手里越变越好的过程。我相信自己，就算不做教师，在其他行业里，我一样可以做得风生水起。因为，从小妈妈就给我培育了一颗工作心，这颗心始终不灭，令我对工作充满了热情。

学生让我安装了一颗教育心

初为人师时，为了快速拿出工作业绩。我非常急躁和粗暴。学生做事动作慢了，我急得不得了；学生做事效率低了，我恨得不得了；学生说话慢腾腾的，我恨不得掰开他的嘴巴，让他讲快点。总之，我要求每个学生都像火箭一样——快速！我要求每个学生做事都像计算机一样——高效！

有一次，一个我曾经非常器重的得意门生对我说："老师，我们都很敬畏你，可都不敢找你，毕业之后，都不愿回校看你。因为我们看到你时，就会想起之前的种种严苛，我们感到一丝害怕。"

这话就像金箍棒一样砸在我脑门上，令我眼冒金星，差点晕倒！我的天啊！我拼命三娘一般，全心全意为学生付出，竟然令他们感到寒冷！这个话还是由我的得意门生亲口告诉我的，还有什么伤害比这个更严重？

没错，我卖力地工作，但只是想要凸显工作业绩！要是在企业，必定很受欢迎。可我从事的是教育，我是在育人啊！人是具有差异性的，我始终用自己的行事风格去要求学生，从来就没有站在学生的立场去思考，他们不是我，无法复制我。我要做的，就是帮助他们成为最好的自己，而不是复制成我的模样。

我真的很感谢学生把真相告诉我。我也很感谢学生即便不喜欢我，但仍然配合我做到了最好。我终于明白，一个教师，只拥有一颗工作心是远远不够的，必须还要安装一颗教育心。

当我安装了教育心之后，我的话语方式以及行为模式一下就变了。我的画风突变，孩子们开始感到惊讶，甚至惊惧。一段时间之后，他们看到了我的诚意，也感受到了我的爱意，竟"哗啦"一下把心门一起朝我开放了。我终于走进了学生的内心世界，和他们成了一个阵营的人，我不仅拿出了优异的工作业绩，我还感受到了职业的快乐，尤其是学生真心喜欢我的那份快乐，是高业绩无法替代的。

儿子给我种植了一颗悲悯心

做了母亲之后，看到稚嫩的儿子躺在我怀里咿呀学语，萌宠的样子，瞬间把我的心融化了，母性就像圣光一样释放。

我突然对学生的种种表现产生悲悯心了。女生哭鼻子了，我抱抱她，柔声对她说，孩子，心里难受，是吧？需要我帮忙吗？男孩遭遇失败了，我拍拍他的头，温和地对他说，我在这里呢，一切都有我在你背后担着呢。

有了悲悯心，我说话、做事都小心了很多。我怕话说错了，在孩子心底埋下恶果；我怕做错事，伤到孩子的心，让本该闪亮的生命被黑色覆盖。

我曾遇到一个叫"卓新民"的男孩。他的成长背景堪怜，性格怪异，心态阴暗，最要命的是他的价值观很扭曲：人家骂我一句，我就回击别人一耳光，别人要打我一耳光，我就杀了他，18年后又是好汉一条！他经常在腿上绑着一把尖刀混进学校，每个老师都忌惮他，每个同学也都惧怕他。老师们都说，这孩子就放弃吧，坐牢是迟早的事。

我没有放弃卓新民，告诉他只要按照我说的去做，钟老师一定对你不离不弃，并且还会为你写一本书。卓新民开始不信，但我始终坚持，不管他接纳不接纳，都要把自己的爱和关心释放给他。期待用爱融化他心中的坚冰，但是，一个恶习满身、心态阴暗、家境堪怜、价值观错误的孩子，要改变自己是何其难？

我始终没放弃，即使我调到了深圳工作，也没有放弃卓新民的转化工作，通过写信，QQ 交流，发短信等各种方式，把真正的关心送达卓新民的心中。卓新民总算战胜了自己，驱除了自己的心魔，重新站了起来。2012 年去部队当了一名武警战士，退伍后在县城的派出所做了协警。我没有食言，为卓新民写了一本书《孩子，这不是你的错》。很凑巧，新书在卓新民当兵前 10 天寄到他的手上。他跟我说，他看了这本书不止 10 遍，反复看，看一次哭一次，很多篇章都能背诵。自那以后，卓新民一切都回归正常！

一颗悲悯心，让我走进学生内心，拨动学生向上向善的心弦，让学生走出自我，走向友好。

家长给我打造了一颗体谅心

我做了 26 年班主任，经常与家长打交道。说句良心话，98% 的家长都希望自己能成为一个好家长。但是他们很无奈——农村家长为了生计，不得不出去打工，孩子就成了留守儿童。他们也很无力——工作时间长，压力大，加上自己没有任何做家长的经验，也没谁教他们如何做家长，于是他们就只能复制父母给他们的经验，可是时代又改变了，对象不一样了，效果也就大打折扣了。尤其是大城市的家长，非常的焦虑。房价的压力，工作的压力，家庭关系的压力，求学、求医的压力大山一般纷至沓来，很多家长都觉得有些喘不过气来。他们的这份焦虑又很容易在不知不觉之中传递给孩子，于是孩子就会很浮躁，也很叛逆，成长异常艰辛。

看到这些，加上我自己也是母亲，自然而然就多了一份体谅心。家长不易，少点责怪，多点切实的指导，对家长才有真正的帮助。

除了体谅家长的不易外，我会给家长开家庭教育讲座，教他们如何与自己的孩子沟通，教他们如何改变自己的行为模式以达到言传身教的目的。我深深地知道，这个世界上，家长这份职业最艰辛，没有工资可领，也没有退休可言，操心到死。所以，一切困难应该由老师和家长一起来承担！

有了这份体谅心，家长的自信就出来了，配合度也高了，建议他们读的书也愿意读了，希望他们牺牲点休息时间陪伴孩子成长也乐意了。其实家长也是一群需要安慰和鼓励的人！既如此，教师为何不生出一颗体谅心，体谅他们的不易，进而安慰他们，鼓励他们，把他们变成自己的同路人呢？

每个人的成长，都不是一帆风顺的，但如果我们有主动成长的愿望，就很容易抓住成长的契机，从而成长为自己期望的样子。而当我们成长为自己喜欢的样子时，别人也开始喜欢你了。尤其是教师，是孩子与家长的一面镜子，如果这个镜子里的人和善、温暖、阳光、积极、睿智，那么，镜子外面的人也很乐意变成这样的人！

我就是这样的人，是"四心"护体成就了现在的我。

（作者单位：广东省深圳市光明中学）

一个菜鸟班主任的"读人"之旅

张　艳

1997 年大学毕业，我来到一所县级中学，刚上班第一年就被安排做班主任，到现在都忘不了当时的惶恐。那时候不像现在有百度有 QQ 群有微信朋友圈，那时候连电脑都没有，而且新教师培训也完全是一片空白，感觉自己是从大学课堂上的学生直接变身为中学课堂的老师，大学老师教的那些书本理论在工作实践中完全应付不过来。第一个月，我感觉自己疲于奔命狼狈不堪，不知道从什么做起，也不知道该怎么做，迷茫、困惑、焦虑等情绪一股脑地涌向我。还好国庆长假来了，我特意去拜访了高中时的班主任赵老师，一见面我就急急忙忙地诉苦求救，要赵老师赶紧教我几个绝招。赵老师并没有如往常一样有求必应，他告诉我这种情况是很正常的，而且他说他也没什么绝招可以教我，真要成长，回去后做好两件事，一是读书，因为书会让你更有底气；二是读人，特别是读身边的人，因为高手往往在民间。

回到县城，我决定按照赵老师的建议试一试，去书店买了一大堆班主任管理的书，可是，读书很容易，读人就没那么容易了，读谁呢？怎么读呢？似乎都不是一件简单的事。我决定从本年级的老师开始读，看看能不能挖掘出几个高人。

读人 1——勤勉善聊的老张

很快，我就找到了一个可读之人，老张。

老张是我做班主任第一年时的同事，满头的白发常常让人误以为他是退休后返聘的老师，实际上他只有 40 岁出头，说他是老黄牛真的一点也不过分，他起早贪黑，以校为家，但凡有学生出现的场合，都有他的身影，每天比学生早到，比学生迟走，一心扑在工作上，青丝变成白发也毫无怨言。他的班级没有大红大紫的优异成绩，却始终平稳安静，教室里永远一尘不染，自习课永远安静无声。三年来，没看见他和学生或家长发生过什么冲突，倒是经常看见他送生病的孩子去医院，变天时给寄宿生拿厚衣服厚被子。他总是乐呵呵地，遇到犯错误的孩子，他也总是搬个椅子让孩子坐下来慢慢聊，聊啊聊啊，也不全是聊孩子犯的错误，聊一些题外话，但聊着聊着孩子的错误就解决了，没见老张发火，没见他罚学生，就用聊天让孩子心服口服。那个时候我常常悄悄听老张和学生聊天，一边听一边佩服老张的聊天功夫，然后也下意识地在自己的班主任管理中去模仿，也取得了很不错的效果。老张其实并不能言善辩，但他的聊天总是那么亲切温和，在亲切温和的聊天里深入浅出地和学生讲道理，和他同事一年，除了学习他那份兢兢业业的敬业精神之外，就是偷学了他不少的聊天功夫。

读人 2——热情真诚的君妈

紧接着，我又发现了一本温暖的书，她就是深受学生喜爱的君妈。当我走近她时，我发现品读她的班主任管理之道真的是如沐春风。

那时的君妈，绝对是大家公认的慈母型班主任，记得那时候社会上流行的一句话是"有困难找警察"，而在君妈班里流行的一句话是"有困难，找君妈"。别说学生，就连我当时都觉得君妈是无所不能的神，她生活阅历丰富见多识广，加上桃李满县城，而且为人热心真诚，无论是同事还是学生有什么困难，她都乐意帮忙，也总能帮到忙。她还常备一个百宝箱，里面的物品简直是应有尽有，红药水、创可贴、针线包、卫生巾、红糖等等，只要是学生日常生活中有可能用到的，她的百宝箱里都有。也就是从那时候开始，我也有了自己的百宝箱，一直到现在，百宝箱里的东西也是不断增加，越来越齐全，这一点绝对是效仿君妈的。除此之外，君妈还是一位特别体贴的爱心妈妈，她自己的女儿已经上大学了，丈夫也在外地，于是她每天称呼她班里的学生都是"我家那群孩子""我家那群宝宝"，她对那群孩子的关爱也达到了无微不至的程度，平日里她班学生被她哄得团团转，君妈长君妈短的就完成了班级事务和学习任务。而节假日的时候，有些离家很远不能回家的孩子，君妈会带着他们去远足，远足完后还会去家里煮一大桌子好吃的，和他们一起度过不能和亲人团聚的时光。那时候学校有人觉得君妈对学生太溺爱了，但是又不得不承认，君妈带的班级总是能取得那么好的成绩，君妈班的孩子也总是那么爱她，每年春节，君妈家里那叫一个热闹啊，来拜年的学生是一批又一批，君妈乐得合不拢嘴，真的很让人羡慕。我那时候因为尚未成家，娘家也在外地，所以没少得到君妈的关爱，君妈常常跟我说：学生都是很有人情味的，只要你对他们好，他们一定会理解你回报你的，如果有学生不理解不回报，那一定是你对他们好的程度不够。君妈让我把爱心作为班主任工作的前提，用爱心去浇灌那些稚嫩的心灵，一定可以感化学生，让他们朝着健康向上的方向发展。

在品读老张和君妈的过程中，我渐渐成长起来，开始学着用勤奋和爱心管理班级，顺利地送走我的第一届学生，也得到了学校领导的认可。但是我总觉得自己的班主任管理还缺点什么，也总觉得应该还有更高效的管理方式，而且我觉得勤奋和爱心的确能让班级正常运转，但是很多事情如果都是我亲自督促甚至是包办，学生的能力是否能得到很好的锻炼呢？我有些怀疑，所以我开始思考和追寻是否有一条更好的路，就在这时，我有幸读到一本更精彩的书，那就是无为而治的甩手掌柜华哥。

读人3——无为而治的华哥

华哥是我工作第五年时有幸接近的一位高人，也是我顶礼膜拜的一位优秀班主任，我常常觉得他就是金庸笔下的风清扬，最大的特色就是"无招胜有招"。猛一看，他没有老张的勤勉，也没有君妈的贴心，他终日优哉优哉地游走在校园里，打打太极遛遛狗，时不时还可以看见他携妻带子地出去度个小长假，而他的班级照样该怎么优秀就怎么优秀。我一度觉得是他运气好，抽到一手好牌坐享其成，但后来我发现并非如此，他的班里也有那么几个刺头，却都被他收拾得服服帖帖的。我想他一定有什么绝招，于是我诚心诚意向他请教，拜他为师，还大张旗鼓地邀约了几位前辈见证我的拜师仪式，每天帮他端茶倒水，收拾桌子，跑腿干活，终于让他愿意指点我一二。原来华哥的治班原则是：班级是孩子们的，把班级管理交给孩子们。他认为真正的管理应该是无为而治，表面上看他似乎是甩手掌柜，实际上他将班级学生划分为几大部门，再将班级事务分配到每个学生名下，采取各司其职的原则，自己只需要培训好几个部门主管，再由他们去培训部门内的相关人员，这样就让自己从那些琐碎的事务中脱身而出，而学生也在这种自主管理中锻炼了管理能力和合作能力。只要开学初培训到位，一个学期都不需要班主任太多的插手，这就是所谓的"无招胜有招"。在追随华哥的两年里，我细细品读了他的"武林秘籍"，终于见识到班主任管理的最高境界，也在后来的工作中不断实践和更新，逐步形成一套具有自己特色的班级管理理念。

如今，老张、君妈和华哥都离我千里之遥，但他们对我的影响却一直未曾远离，他们是我作为菜鸟班主任时用心品读的宝贵财富，在他们的影响下，我迅速成长起来，并且在班主任这条路上快乐前行，用心付出，也收获了学生的真心回报。现在，我依然喜欢去品读身边那些优秀的班主任，从他们身上汲取到新的养分，在这条永无止境的路上越走越远。新入职的班主任们，在你们身边，一定也有着许多精彩的"书"等着你去用心品读，只要你愿意用心去读，去思考，去行动，相信你的班主任之旅会一路芬芳到远方。

（作者单位：广东省深圳市光明中学）

问题解决能力与班主任专业成长

贾高见

我是一个成长于乡镇的草根班主任：学校位于南海最边缘的小镇，虽然属于老牌区属高中但是排位较后，学生生源一般，每一年所带班级都是优秀学生少，问题学生多。在向众多优秀班主任学习他们共同的优秀品质的同时（如热爱教育事业，工作勤奋，善于思考，富有丰富的教育知识和创意的实践经验等），反思一路成长，我深感不断提升自己的"问题解决能力"有助于教师的专业成长。

班主任是一个班级建设的组织者和学生成长的引路人，说明班主任在优化班级管理、促进学生成长方面起着不可替代的作用；另一方面也说明，班主任要时刻面临来自班级建设和学生成长的各种问题，只有有效解决这些难题，才有助于班级的建设和学生的成长。所以，我认为一个优秀的班主任必须具备一种能力：问题解决能力。某种程度上讲，对日常教育问题的及时发现和有效解决，才真正促进班主任老师走向专业、走向卓越。

个体问题解决：关注每一个学生

一直以来，我是一个特别关注学生内心感受和成长需求的老师，正是对学生成长的重视和对学生生命体验的关怀，让我看到了一个个生命的跳跃，让我感受到了师生生命的相互交织和良性互动。

小妍，一个内向而要强的女生，安静而努力，低调而上进。原本，她在自己的轨迹中稳定地行走着，高一第二学期末，她的爸爸突然去世。这给她带来了沉重的打击。她在表面沉静、内心剧痛中沉默了两个月，这两个月里，我用频繁的文字交流引导她走出痛苦：

> 人生就是这样，一站又一站。但没有人能因悲伤而停滞不前，我们无力让时间倒退或静止，但我们可以把握过程中的幸福和感动，珍惜成长中的温暖。拥有时足够珍惜，于是可以在失去时流着泪说不后悔。
>
> 当我看到你在沉静了两个月之后再次融入大家时，我很高兴。我知道你面临的困难，你说这全靠"死皮赖脸的努力"，但是我很欣赏你这种"掌握个人成长中的主动权"的精神，这种精神比成功更令人动容。
>
> 成长是一个过程，更是一种姿态，给自己时间和空间，让自己成长。小妍，放心前行吧，继续做那个内敛而阳光的女生，我会一如既往地支持你、关注你、陪伴你。

这种陪伴与引导没有轰轰烈烈，却充满了生命的温度，让我感受到作为教育者应有的温情。这样的故事还有很多很多，街舞男孩小毓，声乐姑娘小莹，足球小子小志等，当我感受到自己的教育陪伴他们获得更好的成长时，内心总是充满温暖和感动，也正是这份温暖和感动，让我确信作为教师的价值所在。

群体问题解决：关注集体发展

每个班级有几十个孩子，初为人师，我总是想：用心教育好每一个孩子，当我用心教育好每一个孩子，再把这些孩子放到同一个班集体，班集体自然而然就会好起来。后来，我明白：班集体本身就是教育资源，每一个学生本身就是教育资源，当教育者过于关注某个人的成长时，会有意无意中忽略班集体的建设和学生群体的成长，因而会陷入不断"处理问题""打补丁"的被动局面。于是，我的工作重心开始由首先关注每一个学生的成长转向首先关注学生的集体成长，通过班集体活动，解决学生成长中面临的共性问题。

女生小玲在周记中问："高老师，当别班的男生加我 QQ 时，我总是想入非非，请问我正常吗？"面对这一问题，第一阶段的我会选择找她聊天，了解详情，然后和她一起分析利弊。但第二阶段的我会思考：这一问题是个性问题还是共性问题？如果是个性问题，可以选择个体解决；如果是共性问题，则更应该选择集体解决。小玲的问题表明处于青春期的学生遭遇到了成长中的情感困惑。调查发现，班级绝大部分学生都存在这方面的困惑。所以，针对这一情况，我们做了"青春分享会——我们的爱情"的班级活动，和学生一起讨论应该如何看待爱情、如何面对爱情。

借助"青春分享会——我们的爱情"这一活动，全班同学共同分享了各自的观点，讨论了爱情观的正确性和合理性，而且在总结中，我还和学生分享了面对爱情可以有的选择：

恋爱前：

如果你喜欢上了一个人，最少可以有两个选择，第一不告诉他；第二，告诉他。不告诉他，自己在心中默默的喜欢，默默的努力，让自己变得更优秀，以期待有一天能得到他的青睐。告诉他，你可能会被拒绝，也可能会被接受。被拒绝，可能是因为你自己还不够优秀，所以你要努力提升自己；也可能是因为他是一个负责任的人，不希望中学阶段的恋爱影响到两个人的前程，那就等到大学之后再表白。如果你被接受了，那么进入恋爱状态。

恋爱中：

爱别人，先爱自己；学会爱，学会关心；学会爱，学会宽容；学会爱，学会保护；学会爱，学会放弃。

恋爱后：

恋爱是人成长过程中的一段经历，恋爱推动人成长。恋爱后，你应该以一种更加成熟、优雅的姿态出现在自己的人生舞台上，继续创造生命的精彩！

可见，这一课不仅解决了小玲关于爱情的困惑，也为全班同学理清了面对爱情应有的思考和选择，有助于全班同学的共同成长，这无疑是更有价值的。所以，面对学生成长中的共性问题，可以通过集体参与的班级活动来解决群体问题，促进集体发展。

系统问题解决：形成教育场域

随着教育实践的深入，我逐渐发现一个可怕的现实：一次无论如何成功的教育活动，其带给学生的影响也可能是极其有限的，因为教育效果很容易被时间和学生内在的心理结构所消解。这就是为什么很多老师经常会感到郁闷：自己做过很多努力，当时效果很明显，可是后来学生却只心动不行动或者行动不持久……

教育效果不持久，这不能说明教育没有作用，只能说明，一次教育很难有持续性的、长久的作用。怎么办？为了解决这一问题，我的思路是：系统问题解决，形成教育场域。一次教育的影响也许是有限的，但是一系列系统、立体的教育活动的影响则更容易形成一个稳定的教育场域，以一种长期、稳定的氛围不断浸润、滋养学生。

系统问题解决，形成教育场域，教师最少可以有三个层面的思考：班级层面、校级层面、家校层面。

班级层面，教师可以结合班级阶段发展的主题，把班级活动系列化、日常化，形成班级层面的教育场：班级月活动、班级周活动、班级日活动。在"青春分享会——我们的爱情"这一活动的启发下，在接下来的几届，我们班形成了系统的爱情教育课程：

第一课：谈恋爱就是谈人品

第二课：青春分享会——我们的爱情

第三课：两个蛋蛋的爱情

第四课：走不进灵魂的爱，再努力也是苍白

第五课：爱，是相互成就

……

校级层面：如果说班级课程是对学生爱情观的影响和塑造，属于"软"影响，那么学校关于男女生交往的相关要求和管理则是"硬"要求，年级、校级活动和班级活动有机结合、共同推进，会对学生有更大的触动和影响。

家校层面：班主任可以通过班级家长微信群等平台，分享关于中学生青春期教育的教育资源，和家长一起关注孩子的情感问题，尽量达成教育共识。

教育不可能一蹴而就，更需要厚积薄发。系列化、立体化的班级活动，有助于形成教育场域，系统地解决教育问题，在促进学生成长和班级建设的同时，实现教育者的专业成长。

因此，我认为，优秀班主任专业成长，离不开问题解决能力的提升。一个善于发现问题、分析问题、解决问题的班主任，更可能从日常走向专业、由平凡走向卓越。

（作者单位：广东省佛山市南海区九江中学）

班主任思维深度决定了专业成长高度

王红梅

初当班主任，我下定决心要让班级成为校五星班级。拿来星级班级评比规则，我给自己列了几条铁规：

每天在扶助员检查教室卫生前，我一定把教室每个角落查遍，努力不扣分。

办公桌搬到教室，每堂课边陪读边工作，保证全班在科任老师课堂上的纪律。

……

坚持了一段时间，我突然变得不想当班主任了。望着经常出现的扣分单，纵使心中万般自责，也没法打起精神面对评比。我失败了，我责怪学生自控力很差，而实际上是对自己管理班级的能力陷入深深的焦虑。我发现，在学生一次次拿到扣分单的冷漠表情中，自己的心情愈加不再热爱班主任工作，优秀班级评比的追逐就像在给班级一次次的反方向训练，学生变得越来越没动力。其实，评比的分数，不是一件需要去操心的事；如何走出自己对教育束手无策的焦虑，关注班级每一个学生的成长，才是真正值得我去思考的。

走出焦虑，聆听学生的声音

初当班主任，面对低年级学生把蜗牛带进课堂，我不由分说地没收。他整节课魂不守舍，我的"没收"换来的并不是他的专注。下课后急着去开会，待我会后重返教室的那一刻，那只蜗牛被擦黑板的值日生不小心踩死了，他却愤怒地瞪着我，转身跑开了……

面对学生玩蜗牛，表面上我在为他的不听讲生气，而实质是为自己对课堂纪律的失控而焦虑。孩子在我的高压强权之下收起了蜗牛，却导致了师生间感情的冰冷。我焦灼地想寻求改变他听讲的状态，却忽视了作为鲜活的生命，他有着怎样的需求。

多年过去了，又是一个雨季。铃声响起，七八双小手在抽屉里玩蜗牛。我温柔地笑着："听说班级里来了一些新伙伴，老师非常欢迎。"几个孩子抬起头，眼睛开始发亮。我边拿出精致的盒子边郑重宣布："我想邀请他们来做咱班课堂听讲小明星的评委。瞧，这就是它们的评委席，赶紧带你的小蜗牛来选一个喜欢的位置吧!"孩子们笑了，带着玩蜗牛奔向我，心甘情愿地把蜗牛放在了盒子里。我把"评委席"移至教室后面以防吸引孩子们的注意力。课末，人人上榜"课堂听讲小明星"，学生们欢呼雀跃。课间，这些蜗牛该怎么办？我给学生们讲述了自创的《蜗牛妈妈寻子》的故事，再请学生们谈谈如果自己和妈妈走散了的心情。小朋友们又难过又着急，建议把班级的蜗牛评委们赶紧送回家。就这样，我和学生们一起带着蜗牛来到捉蜗牛现场，举行了一场隆重的告别仪式。

现在面对问题，我会从以往焦虑的躁动中停歇下来，静静地让自己沉思。沉思的作用是允许我们有一个机会聆听孩子的声音，想想所做的努力是否学生所需要的？是否有利于学生健康地成长？学会建立班主任绿灯思维，当我们遇到学生观点或者行为不合乎成人标准时，第一反应是：哇，学生的这个行为肯定有教育的可取之处，我应该怎么用它来帮助自己进行班级建设？比如，先倾听学生的心声再沟通，就能让学生充分表达意见，可能会启发自己产生教育方式新的创意。

拒绝重复，和学生在教育中热气腾腾地活着

热气腾腾地活在教育生活中，是班主任对自己最诚实勇敢的表白。只有从班主任程序化的重复中惊醒，去做真正热爱的事，才能链接到灵魂深处最深刻的共鸣。每天重复地上课、作业、考试，只会让孩子们对校园生活充满了厌倦。如何在没有镁光灯的360个平常日子，让他们活出心中对班集体的热爱，每天醒来对上学都有所期待，我在班级开设了多项班本课程。开发系列班本课

程的初衷，就是让自己从关注教育的内容上抽离回来，来关注身边每一个鲜活的生命，关注他们接受教育内容的"心"。我们必须是一个十分关心孩子们"心"的人，这样我们所进行的教育才是充满价值的。班集体是孩子们心的外化。当孩子们心里的正能量逐渐增加，班级自然充满了爱与力量的磁场。

小杨是我们班的写作业困难户，我经历了漫长"单打独斗"帮助他改正的过程，但都以效果甚微宣告失败。在班本课程的实施中，这个难题却迎刃而解。生日诵诗课程中，我有意选择了《时间雕刻刀》这首诗歌，把他的名字嵌入其中，再把他的照片和诗歌一起做成漂亮的课件，全班进行诵诗，先满足他归属与爱的需要。随之的共读课程我选择了童书《一百条裙子》，互相关爱、彼此尊敬的同伴舆论就像"道德法庭"，在之后成立互助小组时没有人对小杨提出排斥。接着借助班级啄木鸟经济课程，让同组帮助小杨落实完成作业的行为问题。为了在作业这项全组不丢失班币，他们一人负责每天放学前检查他的作业记录，监督他按要求将作业本放进书包；一人负责在家校联系本上每日记录小杨的在校表现，与小杨妈妈进行互动，取得家长配合。还有一位组员每天晚上打电话到小杨家里，和小杨核对每项作业是否完成了，让他妈妈特别地感动。不久，小杨这一组就迎来了属于他们的金牌小组颁奖仪式。仪式庆典课程使教室这个"生命场"充满活力，有奥斯卡颁奖音乐、颁奖词，有颁发喜报、籀园金卡，还有获奖者发表感言。"你作业上的进步让我充满了克服困难的勇气。""你的小组集体荣誉感值得我学习。"小杨得到了大家的表扬与鼓励。

班本课程的开发，让我跳出了低水平勤奋陷阱。原始的工作是花很多时间去阅读教育著作，去记录教育大家的方法照搬照用。自己却从不花时间去研究每一个孩子的独一无二，每一个集体的与众不同。看似我节约了很多班主任工作的时间和精力，却还是买椟还珠，把最有价值的思维成长放弃了。在这些课程的开发中，自己思想的深度就愈来愈接近事物本质的距离，渐渐地提升了自己能用一句或几个字简洁、精练地概括班级发生的看起来错综复杂事件的能力。

提升认知，重新认识反思

我们都对"知识改变命运"耳熟能详，然而改变一个班级命运的不是班主任拥有的专业知识的数量，而是认知的深度。如何提升自己的认知深度呢？反思，是一种重要的技能。在从事班主任工作的最初几年，因缺少反思这一重要能力的训练，很多年我把反思当作了总结。实际上反思不是总结，总结是对结果的好坏进行分析；而反思是对产生结果的原因进行分析。班级每天都在生产大量的未经加工的经验素材。我们对学生的判断来源于经验，而有效的经验来源于对判断的反思。反思，让我学会了把班级的素材重新解读。我对待教育生活中的素材思维是：做出假设——采取行动——产生结果；随之进行的反思思维是：观察结果——研究原先假设——反思校正假设。

班级管理中比较重要的大事发生后，当然应该反思，但是，决定自己在关键时刻表现的，却是一个个小事的积累——临场的应对、沟通的技巧、心态的调整。一个优秀的班主任，一定会培养自己记反思日记的习惯。虽然只是一个简单的形式改变，但它会督促我们主动思考看似平淡的教育生活，挖掘出过去没有注意到的教育环节。从一件件小事反思，深入突破，不仅让自己的班级管理愈加科学有效，同时还在班主任基本功等各项赛事中取得骄人的成绩。

教育的根本定义是改变自己，改变自己对经验的解读方式。我们读各位教育家的著作就是读他们教育生活的经历和感悟，而最好的书，其实是我们自己班级管理中的经历和感悟。那么，为什么不能把自己的教育生活编辑成案例，来改变自己的行为呢？把平淡的教育生活案例化处理，让我多篇论文和案例获奖、发表，并有六篇文章连载在了《中国教师报》。

简单的法则往往最难坚持。回顾自己从"菜鸟班主任"到"名班主任"的一路成长，班主任成长的根到底是什么——思维。一旦我们掌握和坚持了班主任这些思考方式和习惯，我们就彻底升级了自己的元认知能力，极大地提升了自己对班主任这个职业的认知效率，进而表现出让人惊讶的认知深度。而这，也最终决定了我们的成长高度。

（作者单位：浙江省温州市籀园小学）

诗化教育，成就现在的我

许丹红

一个人的成长，总有一些轨迹可找寻。冰心说，成功的花，人们总惊羡于现时的美丽，而不知当初它的芽儿浸透着牺牲的细雨，奋斗的泪泉。十年，我从一个不为人所知的草根班主任成长为全国"双优教师"——全国优秀教师和全国中小学优秀德育工作者，应邀去全国各地讲述班主任成长历程，同时，出版了《小学班主任的78个临场应变技巧》等四部畅销专著。回首来时之路，风萧萧兮，雨瑟瑟。

2005年，我从一所农村小学来到市区学校，原有的鲜花和掌声归复为零，一切重新开始。迷惘、失落、无奈，分外渴望外力来拉我。在无力改观的情况下，偶然间，我通过阅读陶行知，让我的心灵开始敲打锤击。"真正的教育必须造就能思索、能建设的人"，应培养年青一代成为"新时代之创造者，不是旧时代之继承者"。细细地品读陶行知，纵观陶行知教育思想，不难发现，大力倡导创造教育、积极培养学生的创造性思维和创新能力，是陶行知创造教育理论的鲜明特色，也是其教育思想的精髓。他以生活教育为基础，认为创造教育就是要把行和知、手和脑统一起来，"独出心裁"的教育；认为教师"所要造的是真善美的活人"，教师的成功就是"创造出值得自己崇拜的人"。这些话语，如醍醐灌顶，时时敲击着我的心灵，我沉睡的教育生命开始觉醒：作为一位班主任，我面前的不仅仅是五十多位孩子，更是五十多个家庭。之后，我开始有了一个朴素的理想：让每一个生命都在教室里开花。

于是，我站在要把每一位孩子都培养成"大写"的人的教育高度，审视班上的每一位孩子，激励每一位孩子。怎么激励孩子们呢？如何找到我的班主任工作的特色和亮点呢？我分析了自己身上的长处和不足，我在艺术方面并不擅长，但从小对文学却异常热爱。要不，以"文学"作为切入点，来建设属于我的诗歌激励课程吧！

说干就干。我开始立足自己的教室，利用我从小喜欢文学这一爱好，潜心静心经营班级，努力用"诗化教育"构建自己的班主任工作特色。以独出心裁的激励方式为载体，在富有创造性的激励课程中，想尽一切办法唤醒学生的潜能，挖掘每一位孩子的潜力和能力，让孩子们在温馨的教室里，幸福快乐成长。我开始醉心于班主任工作，不知疲倦地走上了一条班主任专业化的道路，做诗意、阳光的心灵种花者。

送嵌名诗，淌进孩子的心灵

书香遥迩沁心脾，我以诗歌为载体，丰富孩子们的生命，润泽他们的心灵，努力让班级管理弥漫着浓浓的诗情画意。

比如刚接班的第一天，我给每位孩子送了一份珍贵的礼物，那就是用每位孩子的名字，编成两句诗，并把他的名字镶嵌在里面。然后把它打印出来，装在信封里，作为见面礼送给孩子。别出心裁的礼物，给孩子们留下了非常美好的印象。张晓婷——晓荷绽颜无限娇，婷婷玉立性高洁。沈诗媛——唐诗宋词皆上品，琴棋书画小媛通。梅杰——梅花香自苦寒来，若想杰出勤为先。

原本单纯单调的名字顿时变得生动和丰富，不经意间，也点燃了他们的求知、进取发展的火花。

诗歌评语，润泽孩子的生命

学期结束，我又别出心裁地根据班上每位孩子的特性、禀赋、爱好，给每位孩子编写或改写了一首首儿童诗，既是评语又是当作礼物送给孩子。比如我送给品学兼优的女孩媛媛的评语为：

你是完美的象征
——送给陈媛媛
一个女孩，名叫媛媛

美丽如诗

可爱如画

一个女孩，名叫嫒嫒

踏实如松

认真如蜂

一个女孩，名叫嫒嫒

朗诵如梦

耐心如水

盈盈一水间

脉脉在人间！

啊，这样的女孩，

怎不让我们爱？

每位孩子都是独一无二的生命个体。一首首诗歌评语散发着清香，温暖着孩子们的心灵。孩子们读到这样的诗歌评语，那份欢欣鼓舞不能用语言描绘。润泽的教室，因为有我为孩子们编织的如花岁月而诗意绽放。

为生命颁奖，给予孩子最隆重的祝贺

每一个生命，无论他天资聪颖抑或愚钝，都值得我们用心去尊重和爱护，并寄以无限的希望。我给班上每一位花香扑鼻的女孩赋予花的含义，给她们颁奖：钱怡笑 ——牡丹奖；周原青 ——荷花奖；吴子涵——茉莉花奖；陈为佳——百合花奖，一位位女孩因被赋予花的名称而变得更娴雅更知书达理，我诚挚地祝愿她们在未来的日子中都能做心思细腻，花香沁人的女子。我给每一位男生赋予树的灵魂，张杭宇——楠木奖；陈箫箫 —— 杉木奖；李玮——白桦树奖；陈思豪——银杏树奖；周滋行——紫檀树奖……希望这些男生在未来的世界里都能做顶天立地的男子汉。

当有的孩子表现足够好时，我就给这位女孩或男孩举行生命的庆典——"某某公主日"或"某某王子日"——这一天就用这孩子的名字来命名为某某王子、某某公主日：小公主穿上裙子，戴上大红的玫瑰花冠。小王子穿上西装戴上黑领结，头戴王子头冠，并送上符合他们生命特质的诗或词，再精心挑选一首合适的歌曲，当然还要进行歌词的改写。比如，在子涵的公主日里，一整天《好一朵美丽的茉莉花——送给亲爱的子涵》的歌声都在为她流淌，大大的宣传海报"子涵公主日"高高挂起。这样的庆典融入了孩子的生命意象，给予了孩子最隆重的祝贺……

晨诵诗歌，温暖孩子的心灵

班上有一位名叫坚强的孩子，除了语文偶尔能考出三四十分，其余功课皆徘徊在个位数。基础那么差，可在我鼓励之下，一直很努力，他从没落下任何一项作业。当课桌椅破损时，他总会及时修理，看着他的双手灵活地翻飞，我既感慨又感动。

我决定送一首诗温暖他。反复思量，决定送金子美铃的《我和小鸟和铃铛》。

> 我伸展双臂，
> 也不能在天空飞翔，
> 会飞的小鸟却不能像我，
> 在地上快快地奔跑。
> 我摇晃身体，
> 也摇不出好听的声响，
> 会响的铃铛却不能像我
> 会唱出好多好多的歌。
> 铃铛、小鸟、还有我，
> 我们不一样，我们都很棒。

周一，晨诵时刻。我们吟诵《我和小鸟和铃铛》，反复吟诵后，我让孩子们谈一谈这诗让你懂了什么。

"每样事物都有它的长处，都很棒。"小英说。

"世间的每一个生物都有自己的长处，我们要扬长避短，做一个最优秀的自己。"志宏说。

"是啊，孩子们，每一个人来到这个世间，都有道理，上帝都会给我们一双美丽的水晶鞋。尺有所长，寸有所短，我们要学会扬长避短，做最优秀的自己。"我充满感情地说。

"下面啊，我们一起把这首诗，送给双手灵巧的坚强同学。"我在黑板上写下了这么一段话：

> 亲爱的坚强啊，
> 你的双手很灵巧，
> 只要你努力，
> 你的未来一定很辉煌！

孩子们一个个站立着，绘声绘色朗诵，"亲爱的坚强啊，你的双手很灵巧，只要你努力，你的未来一定很辉煌！"孩子们在胸前摊开双手，做出送礼物的样子。我站在讲台上的坚强激动地说："谢谢，同学们，我会努力的。"

"亲爱的孩子们，上帝让我们来到世界，总归有他的道理。看看坚强，踏实，为人又这么善良和热心，双手这么灵巧，将来开个摩托车或汽车修理部，照样赚大钱。孩子们，每一个人都是一个与众不同、独一无二的自我，每一个人都是很棒的。下面啊，我们再一起把这首诗歌送给可爱的坚强同学吧！"我上去与他握手和拥抱。他站在上面泣不成声……

从此，他不再懦弱和卑怯，笑容渐渐浮上了面颊。他承包了班上所有修理工作。渐渐地，他找到了在班级存在感，到小学毕业，语文考到了七十多分……

"诗化教育"，让一位位孩子因得到这别出心裁的激励而分外努力。整个班级焕发了勃勃生机，润泽的教室，因为有了这些诗歌，而变得闪亮。在带班中遇见难题，我丢弃了抱怨和牢骚，如啃骨头一般，通过一个一个小课题的建设和研究，不断进行探索，边实践边摸索，用办法总比困难多的信念来勉励自己。一个个难题自然迎刃而解。

快乐教书，智慧地做幸福班主任，让润泽的教室成为孩子们快乐成长的乐园，那是我的教育理想，也是我现在乃至以后不变的目标。

倘若，静默之莲是我的至爱。那么，我愿意，用爱心、悉心、慧心培植稚嫩的蓓蕾，诗意地聆听花儿绽放的乐声。

（作者单位：浙江省桐乡市实验小学教育集团北港小学）

师生间的 "润滑剂" ——让学生读懂老师

罗文芹

　　一晃，我做班主任已有 12 年，但至今，依然清楚地记得，做班主任第二年时，第一次听到我正在座谈的一位学生无意中说出，一些学生在背后骂我。当时，我脑子一片空白，迅速地结束了与那位学生的谈话，呆呆地坐了好久才缓过神来。之后，便是眼泪控制不住地哗哗地流，做班主任的日子，像电影镜头一样在我脑海中回放：每天早晨坚持 5：30 左右到教室，陪学生一起晨读；每次考完试，全班学生定要座谈一遍；每周一次的自我教育日记，我批阅的内容比学生写的都多；双休日、节假日我都要不定期地电话家访，了解学生在家的学习状况……越想越气，整个人像要 "爆炸" 了一样地冲到教室，找出领头的当事学生，气急败坏、声泪俱下地一连串地质问她："为什么这么对我？我哪里做得过分了？你还有没有良心？为什么你不骂你的爸爸妈妈？"……之后，很长一段时间，我都走不出心中的阴影！

　　正是因为这次与学生的冲突，让我非常伤心地反思自己：一颗好心为什么得不到好报？是学生不需要我的好心？还是不理解我的初衷？

　　于是，我开始了调整，用心思虑：如何让学生懂我，进而理解我、信任我。

　　现如今，我在学生、家长眼里是一位严而有格的班主任。无论多么乱的教室，只要我出现在门口，不用讲话，都会立即鸦雀无声；再不羁的学生到我手里，也能收敛几分；每学年，都有不少学生家长托人想把孩子放在我的班里，因为在我的班里，他们非常放心。而这一切，都得益于我把工作做细，做深入，并体现在日常工作中。

兵马未动，粮草先行

学校要进行跑操比赛。我先提前安排学生观察：操场上哪个班级跑得七零八落，给你什么印象？这样的班集体在你眼里有没有战斗力？开班会时，先让学生交流自己观察的心得，再表扬我班体育委员的口号响亮、负责，哪几排平时跑操排面整齐、精神头积极向上。然后问：我们班有那么多跑操实力强的同学，大家觉得我们班这次比赛拿第几才能对得起这些同学平时默默地付出？学生们当然会响亮地回答"第一"。我又顺势问：想要拿第一，平时我们应该怎样训练？自由发言之后，我做总结，于是乎，本次跑操比赛的训练方案，水到渠成地形成。我只负责平时训练时的监督、反馈，谁做的不到位？谁又偷懒了？我再怎样严厉地批评，学生都能心悦诚服地接受。

关注细节，贴心制度

小组合作管理评价细则，每一项细则之后，我都注明这项制度的目的。加分项：付出就有回报，你的优秀要靠平时一点一滴的积累；扣分项：为了创建优秀的学习生活环境，帮你改掉坏习惯；礼仪：统一校服，在集体生活中，整齐就是一种美；一票否决项：让你做一个专业的学生，学生就要有学生样。短短一句话，降低了规章制度的冰冷，学生明白了这样做的目的，执行纪律就会多了些自觉自律，少了些抵触情绪。

"预谋"关爱，给予帮助

守震到六年级时，还是一个自我约束能力很差的孩子，N 次违纪 N 次座谈，效果不大。一天，终于因为屡次违纪给小组拖后腿，导致被小组其他成员"驱逐出境"。他哭着跑到办公室找我，我灵机一动，给他开了一张"暂住证"，让他拿出诚意自己找"接收单位"，不然，只能"在外流浪"。我还事先告诫他：要有足够的心理准备，有可能，哪个小组都不要他。如果真是那样的结果，再来找我，我们共同商量办法，看老师能不能帮上忙。之后，我找全班七位小组长开会，明确要求：第一次他上门"申请"，谁都不许接收他，目的是让他先尝尝被集体"抛弃"的滋味。

果然，第二天他又哭丧着脸来寻求我的帮助，我首先惊讶地说：真没想到，我的预言中了。看在你这么渴望回归集体的分上，我再帮你一次，你自己想到哪个小组？然后我找来了那位小组长，当面让他们按小组纪律约法三章。之后，守震的纪律意识明显增强，违纪现象大大减少。

同时，为了帮他重塑良好的形象。有一段时间，我上历史课前，会提前告诉他，这节课我要提问什么问题，你要提前准备。上课提问一旦他答对，我就立即"挖地三尺"地表扬。逐渐地，他对历史有了兴趣，考试成绩从二三十分到五六十分，最后我就不再提前打招呼，而是课上直接提问他特别简单的问题，他当然能答对。课下我会找他到办公室，故意又吃惊又兴奋地告诉他我的想法：天啊，你真厉害，我没提前告诉你，你竟自己就答对了，你一定下了很多功夫！和老师说说你是什么时间学的。每一次测试，我都会在他的试卷上特别写上"很棒，及格了""棒棒哒，进步了""了不起，快优秀了"等批语，强化他的学习兴趣。逐渐地，大约到了八年级，我开始收到同学、家长对他的表扬，对于这些信息，我都会及时告诉他，不断强化他被认可的情绪体验，一直到九年级顺利毕业。

"一石千浪"，倾诉感受

有首歌唱道：你说我像云捉摸不定，其实你不懂我的心；你说我像梦忽远又忽近，其实你不懂我的心。为了让学生读懂我的心思，我会及时与他们交流自己的想法、感受。

有一年，我所带领的八年级一班，下学期明明学生都在努力，但班级成绩却有所下降，由原先的第一名退居到第二名，学生士气低落，人心涣散。有的学生开始抱怨：我班就是千年老二，非争什么第一啊！为了让学生重拾信心，再聚精气神，我开始每周写一篇班级日志，取名为《一班大型青春励志系列剧》，挂在教室内让学生阅读。一学期我先后写了《周三的那点事》《好大一棵树》《春光无限后的凉意》等系列剧。记录了学生们点滴做法带给我的内心感受，这种语言文字的交流功能远胜于说教百倍，很快就引起了学生们的共鸣，班级凝聚力空前加强，学习劲头明显提高。同学们默默地争相表现，希望能成为故事中的主人公。

一篇《一个像蜗牛在爬的人》的日志挂出后，故事的主人公龚旭同学的变化超出了我的预期。日志的内容大意是：今天的课间，我到教室找学生，进门却看到龚旭同学趴在桌子上做数学题，他静静地趴着做题的样子，像一座雕塑，让我的内心莫名地一动。想想他的成绩一点也不理想，平时做事还慢腾腾，也常常被老师批评、指责，责怪他学习不努力、不上进，他从不为自己辩解，每天见了老师，依然憨厚地说一声"老师好"。今天，我无意中看到了这一幕，顿觉得我对他是何等的偏见！功利！可他的胸怀又是何等开阔！

不知是这篇小文的功劳，还是龚旭同学本身的刻苦努力，他的学习热情竟然更加高涨，对数学有了浓厚的兴趣，数学成绩也从不及格到及格又到中考时的90多分。我曾问他，你的数学这么好，其他学科怎么这么烂？他说，我也不知道，平时有空我就做个数学题，只要做出一步来我就开心得不得了。虽然，最终他依然没能考上高中，但他用自己的努力证明了自己的上进。中考后，他的家长来给他领毕业证，家长说，孩子没有考上高中，觉得没脸见你，虽然想你但也不好意思来，让家长带问老师好。

2014年，我所带的八年级三班，暑假后学生们要升入毕业班，按学校计划要重新分班，学生们知道这个消息后万分不舍。八年级放假那天，学生们送给我了一个留言本，上面有每位学生给我写的一段话，很多孩子写道：暑假里，我要祈祷老天，九年级再分到你的班上来，再做你的学生。有的学生在黑板上写了大大的八个字：三班不倒，三班不散！看着学生们的心声，我不禁泪流满面！我想，正是因为我与学生及时、有效的交流，学生才会理解、信任我，才会对我留恋，对我依依不舍！

作家张爱玲曾说，教书很难，又要做戏，又要做人。我的思考是：学生懂你了，怎样做都行；学生不懂你，怎样做都不行。班主任不论是"阳春白雪"式的引导，还是"夏里巴人"式的惩罚，关键是学生能接受你。

努力让学生读懂老师——给师生之间加点"润滑剂"！

（作者单位：山东省泰安市岱岳区道朗镇第一中学）

静坐常思己过，学子亦是吾师

苗臣耿

> 教师是人类灵魂的工程师。可以把人雕琢成器，也会雕刻成庸。谨小慎微于教育管理力避让学生承担教师的过失。——题记

铁打的营盘，流水的兵。学生亦如此，一届届学子离校纷飞，叱咤于祖国大地。班主任守望三尺讲台，粉笔染白了青丝，灯光刺眩了双眸。欣慰于学子的成就时，也为自己的教育败笔隐隐作痛。如高悬的警钟时刻提醒自己，对待学生问题容不得半点马虎，也许不经意的一句话、一个举动就可能改变学生的人生轨迹。

"座位风波"后的公平对待启示

高一下学期的第二次排座位，我把安排好的座位表张贴在宣传栏，让同学们自己把桌椅搬好。第二天班长把作文本扔在了我的桌上，并让我认真看看，撂下这句话转身走了。我拿起作文本阅读起来：班长对这次安排座位提出了种种看法，认为我的安排极其不公平，如果不给他另外安排座位，他什么事都做得出来。语气很强硬，很明显他对本次座位安排极度不满意。看完他的"声讨书"，我陷入了深思：问题出在哪里？他是班长，有组织能力，人缘又好，让他坐在后面，能够维持后排的纪律。可能没有沟通好，让他产生了误解，两次让他坐在后排对他确实不公平。我随即在作文本上写了三句话：什么是公平？怎样安排座位公平？如果让你安排座位，你怎么安排？

我就这三个问题和他商议，他不知道怎么安排座位，但认为我排的座位有

失公平，成绩好的坐前面，成绩差的坐后面，这是明显的歧视和不公平，大家缴了同样的学费，凭什么一直让我们坐后面。我被他辩驳得哑口无言。

一连三天他都闷闷不乐坐在后排，也不认真听课。我抽时间进行了家访，了解最近表现。他告诉了妈妈安排座位的事，那天回家没有吃饭，一直在卧室，半夜灯还亮着，催他睡觉也不睡，说在写作文。这几天很少说话，也不说原因。我告诉他妈妈是我安排座位考虑不周，让他感觉到不公平，影响了他的情绪，我尽快想办法解决。

受到魏书生老师排座位的启发，我也采取了座位轮流制，前后左右每周轮换一次。他很快调整了心态，开始认真学习。

这件不公平事件对他影响不算大，但我在反思中得出：教育对每位同学应是公平的，公平是教育的底线。在以后的教育管理中，我始终用是否公平来衡量我的管理。

"作弊风波"后的充分信任启示

刚做班主任的时候，对班级管理一无所知，道听途说了一些所谓的管理圣经就走马上任了。带了一个理科班，学生基础比较好，但相对来说也有后进生，赵细红（化名）就是其中一个。

她胖嘟嘟的脸，笑起来很可爱，学习虽刻苦但成绩是倒数。有次月考进步很大，进入了班级前二十名，这是一个了不起的进步。本想好好表扬她一番，但不经意的一句话却伤害了她三年。那时考试监考不严，作弊成风，许多同学有作弊的行为。那次考试她突飞猛进，我很是怀疑她的成绩，随口问了一句："你的成绩都是真实的吧？没有作弊吧？"她立马僵在了那里，刚刚被表扬的喜悦转瞬即逝，两行冰冷的泪顿时流了下来。她质问我："你怎么会这么想，为什么大家都不相信我？"哭着跑走了。我不知如何是好，为自己的失言而自责。以后再怎么解释都无济于事。

大约三个星期，她都是冷漠不语，上课无精打采，作业马虎应付。我知道她还在伤心之中。心病还须心药医，解铃还须系铃人。那天晚自习后正好遇到她一人下楼回家，和她一起下楼。聊天中又提到了那件事，她还是默不作声。到了楼下，我郑重地说：对不起，我错怪你了，请原谅我，好吗？说完，我向她深深鞠了一躬。她看着我，泪水又流了下来，哭着说："你知道我初中成绩吗？如果不是中考发挥失常，我怎么能到这个学校。为了赶上其他同学我付出了多少你知道吗？你居然怀疑我作弊，大家都不相信我，班主任也不相信我，我很难过啊。"她发泄着心中的委屈和不满，歇斯底里，把几周来的怨气都宣泄在这夜空中。

这件事给了我刻骨铭心的记忆也使我明白，平行交流的核心理念是平等和信任。不信任学生取得的进步，对学生凭空妄断，很容易使学生勉强树立的自尊破碎。后来，虽然我真诚向她道歉，但几句对不起不足以抚慰她伤痕累累的心。她原谅了我，但在三年中很少再听到她爽朗的笑声。我语言沟通能力的修炼则从那时开始，向老教师学习，向书本学习，向名师取经，锤炼自己的语言，修炼自己的行动。

"迟到风波"后的稳定情绪启示

周世杰（化名）同学是我文科班的学生，脾气暴躁，易冲动，经常和同学闹矛盾，有时一言不合就大打出手。同学们知道他这种性格后就很少和他交往，使得他形影相吊，更加孤僻。

有次早晨他迟到了，我叫住他询问原因。

"我去倒垃圾了。"他一副无所谓的表情。

"现在早读都开始 5 分钟了，倒垃圾需要 5 分钟吗？"我反问他。

"反正我倒垃圾了，垃圾桶都在手里。"他继续狡辩。

"谁知道你垃圾倒了多长时间？谁知道你是不是找借口？按照班规没有按时到班，就要按班规处罚，明天继续扫地。"我无心再和他辩论下去。

"凭什么？我不扫。"他开始顶撞我。

我生气地说："不执行班规处罚，那就扫一星期；再不扫，就扫一学期。"

"我不扫。大不了不读了。"

"不读就不读，你现在就可以回家。"

他把桶一摔，走进教室，背起书包就要回家。我拦住他，说："想不读，也要让家长到校签字才可以。"他不听我的，向校门冲去。我怕发生意外，拦住了他，把他带到德育处，让主任处分他。

后来，主任安抚他，让他先回教室上课。又找我谈话，告诉我在对待这样性格的学生时应如何和他沟通，重要的是要学会控制自己的情绪，不能乱了方寸。

我事后想了想，确实如此。周世杰同学还没有顶撞的时候，我就开始情绪失控了，当他被激怒后一场冲突就在所难免了。此后再处理学生问题，我都告诉自己先冷静，自己先分析一下问题所在，找学生谈话尽量语气温和，即使对待犯错的同学也不能是高高在上横加指责。发怒，生气，不但不能解决问题，反而会使事情更糟糕。

正如张万祥老师在《今天怎样做德育——点评88个情景故事》的前言中所提出的"我认为决定班主任专业成长有如下八大修炼：第一项修炼：沟通能力；第二项修炼：读书习惯；第三项修炼：写作能力；第四项修炼：总结反思；第五项修炼：职业道德；第六项修炼：实践智慧；第七项修炼：应对挑战；第八项修炼：网络技能。"这些修炼在我做班主任的路途中都进行过，有的修炼是我从失败的教训中得出的，有的修炼是反思我的管理悟到的。学生包容了我的错误，毕业后还会发短信向我问好，我却难以释怀。我是学生的老师，学生有时也是我的老师。学生教会了我公平民主，沟通交流，总结反思，控制情绪等等。

知之非艰，行之惟艰。但既然选择了远方，便只顾风雨兼程，一路跌跌撞撞走来，几多忧愁，几多欣喜。在班主任这条路上我会继续反思，修炼，蜕变，成长。

（作者单位：广东省清远市连南民族高级中学）

和学生一起在书香中成长

王振刚

1999 年的春天，我走进了古朴而典雅的天津市南开区中营小学，感受着中营园的静谧，也感受着中营人孜孜不倦的精神。在春夏秋冬的交替中，我在中营这片沃土的恩养下一天天地成长，变得更加充实和自信。

苏联作家高尔基说："书籍是人类进步的阶梯。"因此，从踏上班主任工作岗位的那天起，我每天都坚持读书与写作，同时用自己的行动感染着我的学生，和他们一起在书香里遨游，汲取丰富的营养，满足心灵上的渴求。

让阅读，成为孩子们的生活习惯

为了让学生感受书香，我时常利用零碎的时间，给学生朗读自己看到的美文佳段，同时配合朗读的内容，给他们推荐作者的其他作品。像曹文轩写的《草房子》，国际儿童图书节献辞汇编《长满书的大树》，泰戈尔的《新月集》《飞鸟集》等，我还告诉学生，冰心老人就是阅读泰戈尔的诗集时受到启发，完成了《繁星》与《秋水》的。适合学生阅读的杂志，我会当作奖品奖励给有进步的学生；在报刊上看到有意思、学生感兴趣的内容，我也会剪下来奖给学生——那一篇篇小文章，带给学生的不只是鼓励，还有做剪报的好习惯。收到了礼物的学生，脸上总会绽放出灿烂的笑容。

很快，产生了兴致的学生开始在家长的带领下，去书店、网上，买书、看书。欣喜之余，我开始向学生展示自己的读书笔记，目的就是让学生真切地感到：拿笔写字就要工整端正；翻书阅读就要边读边抄；有了感想还要随时批注。一次"十一"长假前，我向学生建议，如果家长有旅游计划的，可以去北京游览老舍、叶圣陶故居。站在讲桌前，我饶有兴趣地讲起自己去王府井的胡同游，老舍故居的见闻与感受——老舍用100匹白布换来的丹柿小院，老舍喜爱的三件玩具……学生听得入迷了，浓浓的书香也在班级中淡淡地散发。

2011年3月的一天，我无意间看到重庆卫视《品读》栏目正在赏析老舍先生的《我的母亲》，我立刻打开电脑，用家校通向全班同学发送了这条消息。怕学生找不到，我还特意告诉他们重庆卫视是205频道。因为，我希望有更多的同学和我一起收看这档节目。

在我的影响下，不少学生也开始尝试记录自己的班级故事，写他们眼中的自然、社会、生活。那年暑假，我校师生赴韩国参加中韩学生文化交流活动，和我同去的学生像我一样，随时用笔记本记录下每天的生活。晚上，分享彼此的日记成为我们每天最开心的事情。回来时，我完成了系列随笔《八月，韩国行》，我的学生也写下了自己的系列随笔，还配有漂亮的图片，后来发表在了《少年先锋报》上。几年来，我班学生撰写的读书笔记、生活随笔有200余篇发表于全国、省、市级刊物，这淡淡的墨香里融入了学生美好的情感和深深的思考，不仅让学生体验到了成功的快乐，更见证了学生热爱生活、茁壮成长的过程。

关怀生命的成长，让学生的根深深地扎进阅读的土壤里，让他们尽情地汲取泥土中最丰富的养料——知识和伟大的思想。扎根于阅读的土壤，是生命精神成长的有效途径，也是生命成长的必须。

班刊，成长的足迹

与孩子们在一起，时时让我感受到他们对老师的那种真诚与崇拜。担任班主任的第一年，当我用双手接过孩子们送给我的一张张彩色的小剪纸时，我默默地告诉自己：要尽我所能，和学生一起度过美好、充实的快乐童年。2002年我接了一年级的新班，次年的六一前夕，我想：孩子们总把自己心爱的礼物送给我，我该回赠他们什么礼物呢？看着办公桌上孩子们写的一首首小诗，我决定把它们编辑出来，作为送给孩子们的一份节日礼物。

六一那天，当孩子们看到命名为《成长》的班刊上自己的作品时，兴奋之情溢于言表。孩子们的反应更坚定了我办好班刊的决心。为了让班刊更正规、内容更丰富，成长每半月一期，除了刊登班里学生的优秀习作，从第二期起，我又陆续增添了"生日祝福"——小伙伴写给近期过生日同学的祝福；"大脑保健操"——开发学生思维的益智题；"成长谈"——学生学习、生活中的小创意、好做法；"小喜报"——每周班级优秀少先队员、"聪明大王""劳动大王"……内容也随着学生年龄的增长而变化。

一开始，学生对《生日祝福》这个栏目很感兴趣，有的甚至会用儿歌向小伙伴送出祝福。孩子们在向自己的伙伴送出祝福的时候，也没有忘记我。一次晨会时间，我刚走进教室，《生日歌》就响了起来，接着，虞颖懿捧着一个系着彩带的盒子走到我面前，我打开一看，里面全部是剪纸、卡片、图画等学生自制的小礼物。看着凝聚学生真情的礼物，我觉得，做班主任可真好。

升入四年级后，学生的视角越来越开阔，我问自己：为什么不让每一位学生都过一把"主编瘾"呢？于是，我在《班刊》上刊登了《请你当主编》的启事，并得到了孩子们的积极响应。放假前，每个孩子都领取了《成长》班刊设计专用纸，决心要好好地给大家露一手。

开学后，学生将自己的杰作交了上来，"开心一刻""看图猜成语""智商总动员""小日记精选"等栏目异彩纷呈，文章、插图、花边更是一应俱全，一点一滴都凝聚着学生的心血和智慧。有的学生还拉上家长和自己共同设计，体验到了亲子合作的快乐与幸福。

关怀生命的成长，就是要给心灵找到精神的归宿。这份凝聚着师生心血的《成长》班刊一个月出两期，一年下来就有 24 期。学生在品味墨香的同时，又多了一块展示自己、锻炼自主能力的阵地。班刊不仅留下了我教育历程中的串串脚印，更成为学生、家长、教师沟通的桥梁、展示的舞台和成长的乐园。在班刊的影响下，有的学生利用寒、暑假时间，整理自己的习作，制作出了一本本精彩的"书"。这些"书"见证了学生的成长，更是学生热爱生活的表现。

和学生一起走进生命的偶像

自 1963 年以来，中营小学一直坚持开展学雷锋活动。观看电影《雷锋》、阅读雷锋日记、背诵雷锋格言、续写雷锋日记等活动，在学生的心灵里种下了雷锋精神的种子。沈阳军区雷锋班有多位班长、战士参加过学校的升旗仪式、校会。每学期，与雷锋班的叔叔通信，都会成为学生最激动的时刻。

2007年9月，天津工业大学一位名叫徐伟的大学生当选"全国道德模范"的消息引起学生的关注，同学们纷纷向我表达了想要去看望徐伟叔叔，并请他担任我们的校外辅导员的愿望。望着学生期待的眼神，我沉思片刻，告诉他们可以把自己的想法写下来，寄给徐伟叔叔，征求一下他的意见。第二天，在认真地阅读完学生写好的信后，我找到了德育处马桂丽主任，说出了同学们的想法。结果，学校领导不仅大力支持，还以学校的名义给天津工业大学党委写了一封信，恳请他们能够满足同学们的愿望。

下午放学，我和学生一起去邮局把这两封信寄了出去。在焦急地等待了一个星期后，我们不仅得到了天津工业大学党委同意徐伟担任同学们的校外辅导员的消息，还接到了欢迎我们走进天津工业大学的邀请。很快，我们见到了全国道德模范徐伟。同学们格外高兴，大队委为徐叔叔佩戴上鲜艳的红领巾，中队长送出了我们的聘书。接着，同学们坐在了辅导员的周围，聆听他的模范事迹，并拿出自己心爱的笔记本，请辅导员书写下赠言。

偶像本身就是一本书，一本学生永远读不完的书。每一个偶像身上，都有一段段不同寻常的故事。这一个个故事不仅能带给学生情感上的愉悦、崇敬，更能带给学生一股力量——攀登的力量。和学生一起走进生命的偶像，净化了心灵，升华了情感，留下了最美丽的生命记忆。

关怀生命的成长，培育阅读的土壤，震撼沉睡的心灵，点亮心灵的星光。这就是我班主任工作的理念。十余年的教学经历和班主任工作中，我在浓郁的书香里不仅获得了知识和智慧，还收获一颗宁静的心。宁静致远，是我一生无悔的追求。在班主任成长的道路上，我深切地体会到：读书，是班主任专业成长的捷径；写作，是班主任专业成长的必须；融入了思考的写作，更是提升班主任专业成长的催化剂。读书与写作就像是班主任专业成长的双翼，拥有双翼，班主任才能在成长的道路上展翅翱翔，领略那最美的风光。

(作者单位：天津市南开区中营小学)

每日晨诵，我专业成长的必修课

黎志新

晨曦初现，又是一个"一觉睡到自然醒"的早晨，真好。我翻身坐起，拿起枕边的诗集《中国最美的诗歌，世界最美的诗歌》，这天该诵读朱自清先生的《光明》：

> 风雨沉沉的夜里，
> 前面一片荒郊。
> 走尽荒郊，
> 便是人们的道。
> 呀！黑暗里歧路万千，
> 叫我怎样走好？
> "上帝！快给我些光明罢，
> 让我好向前跑！"
> 上帝慌着说，"光明？
> 我没处给你找！
> 你要光明，
> 你自己去造！"

在诵读中咂摸玩味，在"黑暗里歧路万千，叫我怎样走好"处停留，回想起自己在工作中遇到的迷茫和困惑，上帝的话振聋发聩："光明？我没处给你找！你要光明，你自己去造！"反复诵读之后，借助语音录入，发表于空间和朋友圈，这样做，既是自己每一个清晨诵读的印记，又是资料备存的一种方式。

然后洗漱，出门，迎着晨风，心情大好。

这样的习惯坚持很多年了。我打开电脑文档，沿着自己"每日晨诵"的足迹，回望最近五年一个个因为"晨诵"而熠熠生辉的早晨：

2013年，我在晨诵中穿越纪伯伦的《先知》、泰戈尔的《飞鸟集》《朱淑真诗词选》。

2014年，我诵读了"陶渊明系列"，从他的诗文，到李长之写的《陶渊明传论》，感觉陶公从时间深处朝我走来，我渐渐看清他的面容，略微触碰到他的衣袂，能够感受到他在耕与仕中徘徊挣扎。2014年，我还诵读了"苏东坡系列"，走进他的诗文，精读林语堂的《苏东坡传》，透过文字，感受一个细腻与豪放兼具的东坡、感性与理性相随的东坡。

2015年，我诵读了《梁启超家书》《曾国藩家书》《傅雷家书》以及"家训"系列——《钱氏家训》《朱子家训》等。

2016年，我徜徉在唐诗的天空，以作者为主题，诵读了李白诗、孟浩然诗、王维诗等。

2017年，我又被中国现当代诗歌吸引，用100个早晨诵读了100首中国现当代诗歌。

现在，我穿越回宋词的殿堂，按词牌分类，在平平仄仄中感受长短句的魅力。

……

鼠标滑过文档上的每一个日期每一首诗每一篇文章的时候，我真切地触摸到每一个早晨的脉搏，虽然时光已逝，但我仍感觉到每一个日子在诗词歌赋中温柔的跳动。

我想起前几日跟一个朋友的对话——

友问："你每天晨诵，有什么用？"

我答："没什么用。"

问："没什么用，为什么还读？"

答："因为喜欢。"

问："为什么喜欢？"

答："因为它给我每一个早晨带来神清气爽好心情。"

问："哦？真的？"

我："不信，你试试？"

问："这，需要很大的毅力吧？"

我："呵，不需要，就像你每天刷牙洗脸一样自然而然，一个习惯而已。"

但是，谈话之后接下来的几天，我一直追问自己一个问题："这样的晨诵，真的没什么用吗？"仔细思之，我有如下变化：

用一颗诗心迎接每一天

"一日之际在于晨"。

因为宝贵，所以珍惜，因此我在选择晨诵内容的时候慎之又慎：一定是精品，精品方能入眼入口入心。所以，每天早晨一睁开眼睛，我伸手触及的书、眼里所遇的文字，皆是精品，比起那些公众号的网文或者微博微信上的只言片语，要来得纯美而经典。我以这样的方式，变网络的碎片化阅读为纸质的精读。这样长期的阅读方式给我带来的是质的变化：我可以用一颗诗心迎接每一天。

都说班主任过的是"起得比鸡还早，干得比牛还多，吃得比猪还差，睡得比狗还晚"的生活，每天从睁开眼睛的那一刻起，铺天盖地迎面而来的几乎都是"一地鸡毛"的繁杂琐事，如果心态调节不好，很容易就陷入职业倦怠的泥淖中难以自拔。但是，每个早晨一起床，先来一顿精神盛宴，那心情自然不一样了，而且这样的精神盛宴不是三日一餐、五日一顿的，而是长期天天坚持的、像吃饭睡觉一样习惯自然的。如果天天坚持，内心深处的诗意会弥漫开来，渐渐影响看人的眼光、处事的心态，每一天都是美好而诗意的。

用一份诗情对待每一个学生

都说"熟读唐诗三百首，不会作诗也会吟"，诗词歌赋读多了，心中的诗情溢满了，忍不住抓起手中的笔，一吐为快。写什么？作为老师，最熟悉的莫过于朝夕相处的孩子们了，不写他们，还能写谁？

学生生日，忍不住写诗祝福：

美丽奇葩园圃中，树木欣欣以向荣。

晓风轻拂摇异卉，丹鹭振翅上苍穹。

（注：十月，贺园圃、树荣、筱卉、鹭丹四位同学的生日缀名诗）

学习小组做得好，忍不住写诗赞扬：

七律·寄语唐旭组

旭日东升耀堂中，风光不与别处同。

静谧幽深文墨洒，做人立志当如松。

俏丽古榕亭亭立。自在庭中任枯荣。

煌煌上庠育才子，诗作一出显峥嵘。

（组员有：唐旭、志松、俏榕、仕煌、荣庭）

班级军训获奖，忍不住来一首全班姓名串联成诗……

班级生活，无不入诗。当然，这些诗经不起专业人士的玩味，但是在这个团队中的每一个人，关注的重点只是那缕真挚的诗情，哪里还有人在意其中的技巧呢？孩子们知道，这诗里的情真，意纯，足矣。

让自己拥有研发"晨诵课程"的能力

每个早上，我都能品尝到如此美味的精神大餐，这精神食粮营养我的心灵，润泽我的生活，我感受到自己生活的变化、精神气质的变化。那么，这么美好的体验，我怎么独享呢？"独乐乐"不如"众乐乐"啊！于是，我开始琢磨班级的晨诵课程了。

"书到用时方恨少"啊！这第一个专题从哪里开始呢？2014年那个暑假，我一直为开学第一个晨诵主题而苦恼：我该从哪里切入晨诵课程呢？我想了很多主题，又一一地否定掉。时间就在不断地否定中流逝，转眼一个假期过去了，马上就开学了。

8 月 30 日，开学第一天。我看到大家还停留在放假的状态，慵慵懒懒的，拖着疲惫的脚步走向操场，做操的动作严重不到位。做完操，毫无生气地走进教室，不少同学一进教室，坐到自己座位上就趴下了：太困了！要知道，很多同学假期的早晨都是从中午开始的啊，很多同学无缘看到第一缕晨光，无缘看到初升的太阳，无缘看到清晨露珠的晶莹剔透。怎样才能治疗同学们的"假期综合征"呢？批评？我可不想像别的班主任那样，站在教室门口，板着脸孔迎接每一个黎明，迎接每一个学生。惩罚？我可不想以这样的方式开始新的学年。还是借助温软的诗句吧，那些珠玑般的文字最容易拨动人们的心弦。忽然，我灵光一闪：晨光！对，是它了，第一个晨诵课程主题，就是"晨光"了。很快，一个句子跳出脑海："熹微晨光一日始"！灵感来了，思路突然清晰了，课程的框架突然明朗了。所有的积累，都是为了此刻的孵化。9 月 1日，我做完课件，欣喜若狂。第一首诗歌，就从张养浩的《晨起》开始：

> 恋枕嫌多梦，开帘曙色迷。
> 鹤寒依户立，猿馁近厨啼。
> 蹴石泉鸣屋，吞烟树隐堤。
> 村居真可喜，触处是诗题。

从此，我们师生开始了晨诵之旅。

就这样，每天十分钟，我们走进张养浩的《晨起》，感受"触处是诗题"的美妙；我们诵读陈与义的《早行》，在"稻田深处草虫鸣"里感受清晨的静谧；诵读温庭筠的《商山早行》，在"鸡声茅店月，人迹板桥霜"的诗句中感受"莫道君行早，更有早行人"的诗味；我们还诵读了毛泽东的《忆秦娥·娄山关》，在"雄关漫道真如铁，而今迈步从头越"的豪壮……

在每日十分钟的晨诵中，我们看到了一个个在晨光中忙碌的身影：有商人，有游子，有将军，有士兵，他们或为生计或为理想或为收复失地或为保护疆土，早起早行。孩子们哪，让早起成为一种习惯吧，每一个清亮的早晨因为有你勤奋的身影更美丽呢。

最后，我们用陶渊明的"盛年不重来，一日难再晨。及时当勉励，岁月不待人"共勉；用张晓风的"我愿自己是一份千研万磨的香醇，并且慎重地斟在一只洁白温暖的厚瓷杯里，带动一个美丽的早晨"互相提醒；用尼采的"每一个不起舞的日子，都是对生命的辜负"当作座右铭。半个月时间，"熹微晨光一日始"专题晨诵就画上句号了，我们治愈了"假期综合征"，我们精神抖擞地迎接每一个黎明。

结束了第一个专题，我们的晨诵仍在继续。国庆前夕，我们诵读了"位卑未敢忘忧国——爱国诗词晨诵专题"；重阳节时，我们又与菊花相约，诵读了"千古高风说到今——咏菊诗词晨诵专题"；西风猎猎，寒意袭来，我们和梅花相对，诵读了"只留清气满乾坤——咏梅诗词晨诵专题"……日子一天天滑过，"梅兰竹菊四君子"的古韵古风走进一个个清晨。

有朋友问我："你备这样一个专题，需要多长时间？"这个问题忽然让我想起苏联教育家苏霍姆林斯基在《给教师的一百条建议》中讲的一个故事：

有一天，一个有33年教龄的历史教师上了一堂观摩课。课上得很成功，听课的老师都忘了记笔记，听得入了迷。课后，人们问那位历史老师："你花了多少时间来准备这堂课？"这位历史教师回答："这堂课我准备了整个一生，可以说，对每堂课我都用一生来准备。但直接对这个课题的准备，只花15分钟。"

多么相似的问题啊！反观自己，如果我没有长期晨诵的习惯，我有能力研发这样美好的课程吗？显然，每一个早晨的诵读已经使我拥有了厚积薄发的能力了。

一个好习惯是一笔宝贵的财富，感谢生活，它让我养成这样一个好习惯。晨诵，已经是我专业成长的必修课，在这课堂上，既有泉水叮咚，也有鸟语花香。你，愿意来吗，和我一起？

（作者单位：广西百色高中）

几多班干，几多成长

李秀娟

"老师，本周六咱们的例会需要您参加，有两个事要商量。"

"好嘞，我会准时出现的。"来通知我参会的同学走后，我美滋滋地坐在办公室，掩饰不住内心的喜悦。现在这个班级的班干部们实在让我省心，我又回想起了前些年我当班主任遇到的班干部们，真是"几多班干，几多成长"。

初登讲台，任命班干部，他们只是我的"传声筒"

参加工作的第一年我就担任班主任了。学生报到之前我请教我的高中老师如何选班干部。老师告诉我，在对班级有足够的掌控之前，一定要选择听话的班长，防止班级失去控制。我按此原则，指定了班长，如我所愿，班长乖巧懂事，我说过的话她照执行不误，从不打折扣。不过我发现同学们对她和对普通同学没有什么两样，也就是说，从她身上，我看不出有班长的"范儿"。不过，我当时还是很感激我老师给我的这个建议。因为平行班级中出现了一个特别有领导才能的班长，这个班长很有号召力，开始我好羡慕那个班的班主任，但是后来，他居然带着同学们一起和某科任老师作对而班主任也没有什么好办法。有点不好意思地说，我当时还有点暗自庆幸，庆幸我没有遇到这么棘手的问题。

但这样的班干部们也有时让我哭笑不得。例如，生活委员会跑到办公室找我说："老师，咱们的垃圾袋没有了，您什么时候买点吧！"运动会报名，体育委员也问我找谁报哪些项目。我自己都觉得我真就像是同学们口中说的"班妈"。

一次我正在为准备公开课焦头烂额的时候，班长又来"请示"了一个小问题，我当时就表达了不满。怎么什么事情都要我这个当班主任的去决定吗？班长走后，我陷入深深地思考。思考的结果是我的"不放手"导致班干部们习惯了只是扮演"传声筒"的角色，而领导力没有得到锻炼和提高。看来，不能再这样下去了。再这样下去我忙点累点到不是个事，孩子们得不到锻炼而错失了成长的机会可就不好了。

牛刀小试，民主选班干部，我倾力培训

文理分班后，我接手了一个新的班级。同学们熟悉一段时间后，我完全让他们民主地选出了班干部们。选出来的大部分也是我很想选的。有了之前的教训，这回我得放手让他们去做点事情了。但当时我担心他们做不好，怎么办呢？我培训他们！我一个一个一遍又一遍地找他们谈话。当时单身的我几乎每天晚上都在办公室找学生谈心，找班干部的时候很多。班长应该怎么做、学习委员应该做些什么、体育委员两操的时候注意些什么……学生说要买班服，我周末陪着学生去逛街，指导他们怎么选、如何谈价钱。我当时生活的世界里几乎全是学生，连晚上做梦梦里的主角全都是学生。

不知道我的这种尽我所能的付出起了多大的作用，这个班级各个方面都表现很好：学生们都富有集体荣誉感、班级凝聚力强、卫生纪律从来不用我操心、学习成绩也理想，高考也交了一份满意的答卷。

高考后，同学们组织同学聚会，班干部们几乎每个人都表达了对我的感谢。但同时有位我平时关注比较少的同学说了这么句话："老师，有时候，我是有点嫉妒谁谁谁的……"这句话声音不大，但在当时的我听来却心头一震。是啊！我在班里不足五分之一的班干部们身上投入的精力几乎占据了我管理班级精力的一半，这明显有些比例失衡啊！这对其他同学来说是很不公平的吧？高考完的那个暑假，这个问题困扰了我很长时间。

全员培训，竞争上岗，竞选结果难分伯仲

开学又接手新的班级后，我利用班会的空余时间做些简单的"领导力"培训。这回我面对的是全班的学生，而不再是哪一小部分更不是某一个。我还

特意在选班干部之前做了动员大会，动员的效果还真好，班里三分之二的同学都走上讲台，发表了自己的竞职演说。结果出来我却犯难了——竞选班长、团支书、生活委员、学习委员的都有两名同学票数几乎是相当的。同学们提议再重新选，就在他们两个人中选一个。我着实有些不忍心，于是想出来一个主意：组建两套班干部，轮流"执政"。这个主意受到同学们的一致赞同。于是实施了，每个星期一轮换，两套班干部都想比上一个星期表现得更好，所以那一段时间里，这些同学们都积极主动，班级秩序井然。但是也不能一直这样下去啊，这班干部队伍实在庞大，班干部开个会，教室就剩了一半人。有的时候学校开个班长会议或者团支书的会议等，还经常出现比较尴尬的场面。两个月以后，我们重新选举，这回选出了同学们眼中更适合的班干部。后来有同学反馈说这种"轮流执政"的方式真好。尤其是竞争的两个人，开始都自认为实力相当，彼此关注，取长补短，两个人都比以前更优秀了。当然，这是我在面对同学们的票数相当的竞选结果时想出来的主意，但我认为也可以用在新接手的班级中，老师和同学、同学和同学之间都不是很熟悉，"轮流执政"可以多人轮流，也可"广泛撒网，重点培养"。

得益"七大常委"，成立"领导班子"，做好我的七分之一

一次课间，听到有学生问了句，"为什么总是七大常委啊？"这个问题对于我这个理科老师来说，还真从来没想过。回到办公室我查了查才知道：七这个数字不是随机的，不是凑巧，而是有原因的。不光是常委有七人，很多大公司的决策层也都是七个人。那么我们的主要班干部也可以设七个人啊！不过我得算一个。于是和同学们商量后成立了"核心领导层"，由我、班长、团支书、学习委员、生活委员、组织委员、体育委员组成。班里的重大事情需要决策的时候必须先我们七个人开会通过，才去班里征求同学们意见、公布实施。我就是七分之一。于是，出现了本文开头的一幕。这帮孩子还真是认真，有的时候我提出的某些想法，他们毫不留情地拒绝，说实话，刚开始我还是有些不习惯，但两次没被他们通过之后，我都认真进行了反思。我确实考虑不够充分，头脑一热就想当然地想在班里做某件事，还好在核心领导层的例会上没通过。从这一点来看，这个核心领导层设置是很有必要的。有了"核心领导"

的经历，六位同学中有三位上了大学以后担任了学生会主席，两位担任了班长，另一位立志考研，所以未参加任何竞选。

回首我这十年班主任工作中，对班干部的任命、选举、轮流执政再选举。从对原有状态甚至于已经形成定势的质疑，到去尝试新的方案，在这个过程中我是矛盾的，因为每一种新的尝试都可以说是源于对之前的否定。可每一届甚至于每一年我面对的班级不同，学生不同，班干部产生的方式也不能一成不变，一定需灵活多样。而且，没有哪个学生天生就会当班干部，天生就是管理者，在高中阶段，十五岁到十八岁的年级，正式步入成熟且趋于稳定的时期，对班干部的培训是十分有必要的。这个培训，全员参与更好，当然，再精心的培训也不可能人人都适合做班干部，就像我们任何一个学科，学习成绩都会有所差别，有人进步不明显，有人却天赋很高。只是培训还不够，还要有实践的机会，让学生们实践是更好的培训，所以，作为班主任，我要提供机会，多设置些岗位，让"英雄有用武之地"。

十多年以来，我从开始的时候的事无巨细、事必躬亲到后来的逐渐解放出来，发现问题后不断地反思起了重要的作用。我也逐渐认识到了学生才是班级的主体，班干部应该是班级管理的主体，我不能替代他们成长，更不能剥夺他们成长的机会。作为班主任的我，更应该引领同学们做好班干部，使同学们能更好地认识到自己的价值，更应该创设更广阔的平台，让同学们的能力得到很好的锻炼和提升。

更令人可喜的是，在班干部的任命、培育和调整的过程中，我自己也得到了长足的成长，从一名需要指点的年轻班主任，先后获得秦皇岛市先进、骨干、优秀班主任等荣誉，成长为一名资深的班主任。

（作者单位：河北秦皇岛开发区燕山大学附属中学）

第五辑　遇见·改变

　　有的人在教育路上走得很迷茫，有的人亟待冲破成长迷雾。幸运的是，他们遇见了，遇见了启迪他们走出迷途的"真知"，获得感悟，一路追寻，走向教育的深意处。

感恩遇见,坚韧成一朵盛开的雪莲

王怀玉

时光飞逝,不觉间,我已经在三尺讲台上站了二十余年。回首这一路风尘,2004年,工作13年后的我迎来了一次脱产进修机会。不承想这一年脱产进修经历成为我人生的一大拐点,转眼又是十三年。

哲人苏格拉底说:"未经反思的人生是不值得过的。"站在这个特殊时间点上,回望来路,总有几段特殊的遇见记忆犹新。我常常想:如果来路没有这些关键事件的出现,或许我的人生又是另外一段轨迹。现采撷几段,管中窥豹。

一个未尽认可的遇见,催生自我完善的勇气和信念

每个人都逃不脱一个宿命,那就是希望获得别人的认可与尊重。当然,前提是你值得被人尊重,你有实力得到他人的认可。可是,在人生的某个阶段,面对新环境新挑战,你还在不断学习努力跟进的时候,你因为对自己还不够信任,更加在意外界的评价,如果这时有来自权威的"否定",那无疑犹如扔给你一颗原子弹,它可以彻底摧毁你心底单薄的心理防线,让你跌入自卑深渊。当然,也可能成为催发你不屈向上的动力源,激发你抄底反弹。

感谢我自己,在遭遇类似经历时,选择了后者。

那是2006年秋,我来深圳任教的第二年。有幸作为学校德育微型课题唯一教师代表课题负责人,基于学校公民教育特色,研究底线伦理规训话题。

这个使命,对于刚从内地到深圳,从过去侧重语文教学研究到初转型跨入德育领域的我而言,无疑是一项全新的挑战。我全力以赴投入到对新领域的学

习求索中。

那真是一段激情燃烧的岁月。与德育课题同时立项的还有六个学科微型课题。大家认真制订课题方案，实行"兵团作战"，领导逐个指导把关，并决定聘请多位知名专家来组织正规的开题仪式。我们每个课题负责人都认真准备开题报告，并在开题前一天（周日），逐人试讲。

轮到我试讲了。推开门走上讲台，方发现除了学校领导还有一位儒雅男士。校长立即介绍：《中国德育》杂志ＸＸ主编，博士，德育专家，次日开题会专家组组长。

我心里略过一丝惶恐。虽然ＸＸ主编一直面带和善微笑，可是，他那犀利的目光总让我芒针在背。我试讲结束后，博士主编微笑着问我："很显然，'尊重先于爱'是校长给你的观点，你听懂了吗?"

"我听懂了吗? 尊重先于爱……"我自己也不清楚，只觉得在校长的话语体系之下，都有道理，我听清楚了。至于为什么是"尊重先于爱"而不是"爱比尊重更重要"，对于一个从小接受"五讲四美三热爱"教育的人而言，确实是个颠覆性概念。我的脑海里，除了校长引导列举的几个案例之外，一时间找不出对应案例去印证。

我记不清当时是如何回应博士的，只记得博士当时的表情。

我没有怪罪他逼问我，不给我留台阶的意思，只恨自己能力不够，不能当场就给他一个圆满回复。

试讲之后，回到家，我所做的第一件事就是从书柜、床头、案头翻出几十本与公民教育有关的各种书籍，一头扎进去。

那一夜，几乎无眠。我在脑子里一遍又一遍排练开题报告会上专家可能提出的各种问题，我能做怎样的回应。

谢天谢地。开题会上，面对专家的提问，也包括博士主编的问题，我都从容给予了我所能给的答案。或许是我这种"不知天高地厚"的气定神闲，让专家对我多了理解和包容，其中一位专家大赞：作为一名小学班主任，能如此从理论到实践层面进行回答，从某种程度上已经达到了博士论文答辩的水平。

我知道，这是对我的极大鼓励。我更知道：这是因为专家对小学老师的低期许形成的认知反差给予我的高评价。

我微笑着答谢各种鼓励，而在心底却在说：两年结题之时，我一定要更有底气地站在这里阐述属于我自己的观点，并且在班级要做出有意义的实践，来印证我的观点。

凡事都是说起来容易做起来难，当时我接手的是一个全校文明的"双差"班，需要应对的问题很多。然而，我始终没忘记自己作为课题负责人的身份。除了在自己班级实践外，积极组织课题组成员定期交流。我在班级探讨实施公民教育的入口：针对当时班级学生常规要求不明、自信心不足等现状，以培养学生"自信和自律"作为班级文化核心，以公德行为养成为重点，开展系列班级活动，使班风得以较快扭转，并和课题组成员一起制定完成了全校1—9年级学生基本行为规范细则。

2007年秋季，结合新思考，我申报的广东省十一五规划课题"小学生底线伦理规训与个人品德养成的关系研究"，得以顺利立项。我和课题组成员历时5年研究，终于于2012年4月迎来了结题论证会，会上，我用自己的实践及思考回答了在公民意识养成中为什么"尊重比爱更重要"，并展示了课题组的系列研究成果，课题顺利结题，并于次年获得广东省教育创新成果一等奖。

2013年4月，全面反映课题成果的22万字专著《班级管理新探——小学生基础性品德养成》由湖北教育出版社正式出版。其后，我还接受"万千教育"编辑的约稿，撰写了《小学班级特色活动设计与指导》《小学家校沟通的艺术》等著作。

相较于业界很多优秀的同行，出版三本个人专著，实在算不得什么。但对于我个人而言，却是这十年来的视角拓展的见证：从侧重班级文化建设、班级特色活动构建，到关注学生基础性品格的养成，再到家校协同教育的探索……我在努力逐步走向深入，逐层延展。

几轮意见向左的遇见，促进实践反思中提升教育认识

因为班主任工作本身的纷繁性，导致班主任的工作状态也易于陷入东一榔头西一棒槌的随性。我很庆幸，这些年自己始终可以围绕一个感兴趣的点深入钻研，把问题变课题，把实践、学习和研究结合起来，不断提升自己对某一观点和某一领悟的认识。十年来，我先后主持完成了五项省、市、区规划课题。

随着课题研究的深入，我的认识逐渐提升。并且在接近教育本质的过程中，逐步完善起个人的独立意识和批判精神。

做到这一点很难，我也有切肤之痛。比如在进行省级立项课题研究中，在低年级到底侧重消极伦理养成还是积极伦理养成观点上，我曾一度与几位教育行家、包括时任校长的观点发生了背离。面对不同声音，我没有申辩，而是坚持扎根教室，继续求索，期待以实践来证明。几年之后，即 2014 年，当自己的"四尊班级文化建设模式"在全国班主任专业委员会首届年会中分享交流，得到与会专家的一致认同，并有机会在全国各地交流并得到广大同行们的认同时，当自己撰写的系列论文能够在各级各类报刊杂志上发表并获奖时，我深切理解了：事实胜于雄辩。

十余年来，三部著作，所发表的几十篇论文，几乎都是与当时课题研究相关的观点陈述。我深深感恩所有的遇见，感恩每一个促进我成长的人，每一件促成我成长的事。我也感谢自己能够在重重压力之下，坚持用研究的眼光，始终报着向学之心，走进学生、走进家长，走到教育现象背后发掘理论支点。我还感谢父母，从小给了一副傲骨，在困难和"强权"面前，没有唯唯诺诺，妄自菲薄，我坚信："一朵具体的花，远胜过一千种真理。"实践出真知，我在工作中不断求精进。

十年风雨路，不敢说自己凤凰已涅槃，倒是愿意借用张爱玲这句"从尘埃里开出的花儿"来形容这一段弹性坚持的成长历程。

十年磨一剑，不能说自己当前已修为成一柄利剑，倒是修炼了一颗坚韧强大的内心，让我认识到唯有求知若渴，承认自己的局限，方能在一路前行中遇见更多同道中人，助人自助，遇见未知的自己！

（作者单位：深圳市南山第二实验学校）

专业阅读，走向教育更深处

梁　岗

专业阅读，借朱永新老师对专业阅读的精辟见解，有一个形象的比喻"专业阅读是站在大师的肩膀上前行"，并阐释说："一个人的精神发育史就是他的阅读史，一个民族的精神境界，取决于这个民族的阅读水平，一个没有阅读的学校永远不可能有真正的教育。因此，我认为阅读对于教师成长应该是第一位的。没有教师的阅读，就不会有教师的真正意义上的成长与发展。"所以，与其说专业阅读提升的是我的工作能力，还不如说专业阅读提升了我的工作境界。

需要，是主题阅读最好的出发点

阅读，从自己的需要出发，以此确定阅读的主题。自己的需要在哪里？当然是在工作中，专业成长中感觉最不自在，最不舒服的就是最最需要的。

我的专业阅读的起点不是谁的著作，而是汇聚一线专家的专业杂志。例如班主任专业化成长起点的基础书籍则是《班主任》杂志。初识《班主任》杂志还是在 15 年前在西华师范大学学习时，我偶然在学校的图书馆里看到了一期《班主任》，随意地翻阅了几页，一篇篇充满智慧、哲理、幸福的文章立即吸引了我。与当时在大学里学习的教育类课程不同，这里没有空洞乏味的理论说教，也不是教育案例的简单陈述，在一个个真实的情境中，客观地展现了班主任工作的方方面面，却不乏深刻与哲理。可能受年龄的影响又缺乏必要的教育经历，"教育随笔"与"艺苑"栏目成了我当时的最爱。从中我读到了班主任的智慧，读到了班主任的幸福，也读到了做班主任的困惑与无奈……从此，我期期必读，流连忘返。此时回首，我才发现原来是《班主任》杂志在我的心里早早种下了立志做一名优秀班主任的种子。

探究，是主题阅读最好的导航仪

基础书籍一定要认真啃读，强烈建议一边读一边写读书笔记，特别是将阅读中产生的新疑问及时记下来，这是主题阅读向纵深处蔓延不可或缺的需要。否则就与一般性的阅读差别不大，无法实现其主题阅读的意义。

从 2009 年开始，我就围绕师生如何一并构建"心灵档案"研究开展主题阅读。首先啃读了王晓春老师的《给教师的一件新武器》，解决了什么是"心灵档案"、"心灵档案"构建要素等问题。但也产生了新的疑问，如：梦作为学生"心灵档案"的组成部分应该如何解读才能更准确或者更靠近本源。于是，我开始研读弗洛伊德的《梦的解析》《弗洛伊德心理哲学》，荣格的《分析心理学与梦的诠释》，阿德勒的《生命对你意味着什么》，以及弗洛姆的《被遗忘的语言》中与梦相关的部分。也即通过一本与主题相关的基础书籍发现问题深入研究的方向，然后以此选择相关的专著进入更为深入和细致的阅读。

当主题阅读开始从单一阅读走向比较阅读，这将会是一个探索与发现的神奇之旅。如对梦的解读，同属精神分析学派的几位大师有着各自的观点，在比较阅读中，我才能批判地接受各种理念。通过主题阅读使我深刻体会到，将梦及其他与学生成长有关的，如家庭文化背景、成长史、学习史、早期记忆、五项图、自画像、生命线等学生个体心灵成长的"碎瓷片"，收集、解读就组成了富有个性的"心灵档案"，完成对学生整个人格的"全息图"，指导学生就更有把握，更专业。

经过这样的比较阅读，批判性地思考和解读，一部分对主题具有决定意义的书籍或者书籍中的某个篇章就成为主题研究的理论基础，即该主题研究的根本性书籍，是主题阅读的精髓。另外一些与主题相关书籍便作为参考或者是验证，即该主题研究的相关性书籍，是主题阅读的延展。这一阶段的主题阅读方法主要是专著阅读、比较阅读、精读、泛读、探索性阅读与验证性阅读。以我之愚见，经典的理论化的书籍需要精读与比较阅读相结合加深理解和消化，案例偏多的书籍适合泛读或验证性阅读增加丰厚的背景。如此才能将看似互不往来的一些理念、操作、技术相互打通，为实践提供支撑和保障。

实践，是主题阅读最好的生长点

只有专业阅读，所得的理论知识仍然是在"临渊羡鱼""望梅止渴"，要将所读所思在实际的教育教学环境中积极实践，才能产生积极的效益。所以，积极实践是将专业所读所获转化为实践操作，并在实践操作中默会的必经之路，才能有效地避免"纸上谈兵"。眼下为什么有的教育培训不为老师们所喜欢就是觉得理论太强，听得时候觉得对，可就是无法落实的现状就因为只有阅读是不够的，还需要结合实际，而这一点在我看来是别人无法替代的，必须经过教师自己在实践中摸爬滚打，才能有真正的体悟。当阅读视野变得开阔与深入，主题阅读中的根本性书籍浮出水面，也就打通了主题的关键点。接下来就应该在实践中让主题真正生长。主题阅读的显现在于教育实际，在每日面对一个个灵动的生命时班主任的言行举止。所以，唯有实践才能明白自己真正读到了什么，习得了什么，还需要读什么？在我看来最好的实践方式，当属开展围绕主题的德育科研。如我校正在研究的省级重点课题《师生共构"心灵档案"实践研究》就是将我们从主题阅读中所获得一系列教育理论转化为可操作的德育教育新模式。而这个操作流程的探索、确立、验证、修正，就是在遭遇各种不同境遇中产生疑问，并在相关书籍中寻找答案的过程，也是主题阅读以一个点（基础书籍）向四周延展形成不同层次（根本性书籍与相关性书籍）的过程。这样的延展既围绕主题，也与实践需要紧密相连，来回推演，将主题阅读伸展开来，在理论与实践中搭建起桥梁，相互印证、支持，实践者的理论水平与实践能力显著提升。

我的班上曾经有一个很爱问"傻"问题的学生，我在对他"早期记忆""最喜欢的老师""最近做的梦"等项目的解读中得知这个问题源于孩子对初中的班主任有"牛犊情"。在与这个孩子的初中班主任联系后，我发现产生"牛犊情"的原因来自家庭教育的简单粗暴。幸得初中班主任的关爱，让他从爱打人的恶习中成功转型，所以他特别依赖初中的班主任，也受到了初中班主任的特别关照。而高中的老师却不再给予他这份特殊待遇，所以他便借问问题来获得与老师亲密接触的机会。找到了根源后，我一方面与其父亲沟通，希望他注意教育孩子的方式，避免对孩子心灵的伤害；另一方面在月底的班级分析会上给所有老师说明了情况，争取他们的配合，一起正确关注这个孩子。经过一个学期的努力，这个孩子已经不再提"傻"问题了，在12月的年级统一月考中获得了不错的成绩，他还虎头虎脑地跑到我跟前打赌，说期末一定考全班第一名。看着孩子的高兴劲，我的心里暖暖的，充溢着巨大的幸福感。我想，如果没有德育科研与主题阅读的持久相伴，我不可能触及学生心灵深处和问题根源，肯定会将之归因到"学生思考问题简单"而简单处理。长此以往，我必将走向平庸，陷入误人子弟的泥潭而浑然不知。

如此，一副属于自身专业成长的阅读地图的模板基本成型，它的特点是基于自身的需要（不同时期不同需要，也就有不同的书籍进入视野），从纵深度（以教育为主题开展综合阅读）和横向（看似无关书籍）两个维度进行阅读地图的拓展，同时读书笔记将横纵连成立体网络。需要强调的是，不同教师有不同的需求，不同教师有不同的绘制阅读地图的方式。

而我，在阅读中获益，阅读中丰盈，在阅读中成长，走向教育的深意处。

（作者单位：四川省成都市石室中学）

读书，成就现在的我

牛瑞峰

　　古往今来许多世家，要么积德、要么读书；天地间第一人品，还是读书。读书是班主任一项重要的技能。朱永新先生说："一个人的阅读史，就是其精神发展史。"张万祥先生说："优秀教师是读出来的。"一个不会读书的班主任是不会成为一名优秀的班主任的。

　　智慧源于阅读，"书犹药也，可以治愚。"一个不懂得阅读的班主任就像游走于乡间的"赤脚医生"，虽然也能治一些病，但也只能治一些"小病"。面对大病、疑难杂症却束手无策，或者是胡言乱语，甚至还会危害病人的生命。

　　阅读首先要解决的是读什么的问题，这好比养殖场，鸡蛋的营养价值是由饲料决定的：喂普通的饲料，产的是普通鸡蛋；喂螺旋藻，产的是螺旋藻鸡蛋。螺旋藻鸡蛋是要出现在高档超市，卖高价的。所以对于班主任而言，读什么的问题决定你将来要成为什么"蛋"的问题。

　　如果把班主任需要读的书比作做菜，那么读修德之书是主料，进业之书是辅料，视野之书是调料。修德是根本，解决的是"道"的问题——走什么路的问题。进业就是提升技能，解决的是"术"的问题——怎么走的问题。

　　至今为止已经做了17年的班主任，这17年中读过的书很多，有的看过就忘了，但有的还是留下了深刻的印象。

　　万玮的《班主任兵法》：2007年寒假，我从同事的桌子上看到了这本书。当时并不知道这本书也不知道万玮这个人。目的只有一个，假期无事，看一看也许对我的班主任工作有帮助。让我没想到的是，也就是这本书开启了我的班主任专业化之旅。从这本书我知道了什么是论坛，我也找到了"K12""班主任论坛"。2007年的寒假远在异乡，家里只有我们三口。早晨起来无事，就把昨天晚上读《班主任兵法》感想发在了"班主任论坛"上，帖子的名字叫《班主任真经》。让我没想到的是这个帖子的点击率逐渐升高，受点击率的刺激，我坚持读一章写一章读后感。也正是这个帖子让我接到了K12老总王珏的邀请，到北京参加班主任成长视频的录制。一下子有点幸福来得太突然的感觉。

王晓春的《做一个专业的班主任》：对于王晓春老师，我也是从"班主任论坛"上知道的。他在上面有一个关于"班风"的精华帖，在这个帖子当中了解到，王老师是一位很知名的班主任。后来知道他出版了《做一个专业的班主任》一书，以一种消遣的态度把这本书买来，在阅读之前甚至在想，什么专业化，纯粹是退休后闲来无事"扯淡"。什么专业化，很多人没专业化班不照样带得很好吗。一读我的认识就转变了，不是王晓春老师"扯淡"，而是我是一个"蛋白质"。这本书让我开始有意识地分门别类的整理相关现象和理论以及应对策略。

张万祥的《班主任创新艺术100招》《班主任专业成长的途径》：师傅张万祥，在班主任专业化的道路上，我可以忘却一切，却不能忘记这位"耄耋的青春老人"。至今为止，我在班主任专业化道路上所取得的一切成绩都与我的师傅有关。十多年来，先后给我寄书近20本，改稿不计其数，帮我修改专著。《班主任创新艺术100招》让我知道了在具体的班级教育中怎样管理班级怎样开展活动，甚至很多招数直接搬过来就用。《班主任专业成长的途径》让我从各个方面开始准备踏上班主任专业化的征程。

"方法是最重要的知识"，班主任读书最重要的不仅仅是要读书，而是在读书的过程中形成自己的思想，总结出属于自己的读书方法。

在阅读中我逐渐形成了对班主任阅读的全面认识，下面逐一给大家介绍。

班主任读书的目的——"找我""有我""写我"。这三个目的是随着专业化时间的变化而变化的。

"找我"，任何一个人都是独特的个体，怎样才能找到自己赞同的且又科学的理论，这是班主任专业化开始的一个很重要的问题。这就需要班主任像大海里的鲸鱼一样，广泛地阅读各种各样的书籍并从中找到自己喜欢的认可的。我把这种读书方式叫作——杂读：泥沙俱下"鲸吞"式。

"有我"，随着阅读的深入和自己时间操作的日益科学，自己的很多做法都会在一些书籍当中出现。这就需要班主任认真地研究哪些理论与操作在实践当中是有效的、是科学的。我把这个阶段的读书方式叫作——辨读：去伪存真"吃鱼"式。

"写我"，在专业化这条道上渐行渐远的时候，就越来越深入地研究某一种现象，某一种理论，某一类操作，或者创生某一种理论。总之就是从以前的追求广和博，转向精和深。我把这个阶段的读书方法叫作——专读："部部"深入"恋爱"式。

《论语》是每个准备走专业化之路的班主任都必须认真阅读的一本书。我曾经仿照"半部论语治天下"，写过这样一句话"半部论语就是整个专业化"。关于《论语》这些年读过多少遍我已经记不清了。读《论语》印象最深的一次是四年前，为了我所整理的教育学生具有"君子人格"的操作更加系统，我认真阅读每一个章节，每一个字词，亲自从《论语》中找出"君子"二字共 93 次。我对其进行了归纳与整理：

> 君子之德：君子怀德，小人怀土；君子怀刑，小人怀惠。
>
> 君子之行：君子成人之美，不成人之恶，小人反是。
>
> 君子之友：君子周而不比，小人比而不周。
>
> 君子之心：君子坦荡荡，小人常戚戚。
>
> 君子之礼：礼之用，和为贵。
>
> 君子之器：君子不器。
>
> 君子之耻：不耻下问——知耻近乎勇。
>
> 君子之思：君子中庸，小人反中庸。

整理完了，大约是 2015 年 5 月前。原以为，可以写一本关于君子人格培养的书籍，没想到上网一搜，让我"惊跌了眼镜"。人家余秋雨先生在 2014年就出版了《君子之道》一书。能和余秋雨先生一较高下吗？失落之余，很快转悲为喜，我为自己能和国际大师想到一块而自傲——我就是这么自恋的一个人。

介绍这个故事其实还有另外一个目的，就是想告诉青年班主任，该怎样阅读一篇文章或者是一本书。

"双三"循环读书法。关键词一共有六个，分两层。第一层指阅读的内容——操纵、主张、系统；第二层指阅读的方法——摘录、汇总、融合。就是指在具体阅读一篇文章或者一部著作时首先要了解其操作，由操作推知他的主张，由主张掌握他的整个理论系统。在这个阅读的过程中为了能够更好地吸收，我们先摘录起重点言论，接着进行分类汇总，汇总后将其纳入自己的理论体系，从而让自己的理论体系得到丰富与完善。

人生需要智慧，阅读也需要智慧。读书，成就了现在的我，希望我们每个喜欢阅读的人，都能有自己高效的阅读方式；也希望我们每个人都能喜欢阅读。

（作者单位：内蒙古北师大鄂尔多斯附属中学部）

让关键事件成为自我超越的平台

王国明

管建刚老师在《不做教书匠》一书中谈到老师从事教育有三种状态：第一种状态是把教育的事当作学校的事来做。对这类教师而言，教育是学校的事，与自己关系不大。自己之所以要做，是因为学校要我做，至于自己，当然是越轻松越好；第二种状态是把学校的事当作自家的事来做。这类教师大都抱着"做良心买卖"的想法，觉得要对得起学生，不能拿那么多学生的未来开玩笑；第三种状态是把自己的事情当作教育的事来做，这类教师有了明晰的教育人生方向，把自己的人生价值锁定在教育上，一切有价值的活动都围绕着教育展开，他们的一言一行逐渐地和教育融为一体，教育的事就是自己的事，自己的事就是教育的事……

对照这段话，回顾自己的成长之路，我觉得从 1990 年毕业到 2004 年 8 月，我一直停留在第二种状态。我对待工作极其认真，极其负责任。我把"一片丹心育桃李"作为自己的为师之道，像勤勤恳恳的老黄牛，很苦很累。从 2004 年 9 月至今，我觉得我行走在通往第三种状态的路上，我感恩于这份工作，我爱我的学生，我享受我的教育生活，她给予我的物质享受并不丰厚，但她润泽着我的生命，充盈着我的心灵。在我眼中，眼前川流不息的学生，既是需要我悉心引领、陪伴、呵护的对象，又是反过来促使我不断成长的旅伴。我和他们紧相伴随，一起成长，一起进取。而这种状态的转变源于我成长中经历的"关键事件"。

对于"关键事件"比较精准的解读是：在教师专业成长中具有重要作用的事件。通过该事件的梳理与思考，触动教师"灵魂深处"的隐性教育观念，改变教师的教学行为；有助于教师个体生存方式的改变，启迪教师追求一种智慧的教学生活方式。在 2004 年 9 月我就经历了我生命成长中的"关键事件"。

那时，我刚调入涿州市实验中学一年，接任了初二（2）班的班主任。初来乍到，学校环境需要熟悉。中途接班，班级管理压力大。可暑假刚开学，学校领导就推荐我参加首届保定市班主任基本素质比赛。据说在我之前，学校找了一些老师，但他们看到比赛程序过于烦琐，就拒绝了。而我刚刚调入学校，还没有说"NO"的资本，只好硬着头皮接下了。

第一轮到保定参加笔试环节时，我县一共去了近三十名老师。那时，我和大家一样，仅仅把它作为学校安排的一次任务，根本没有想到自己能走多远。但在笔试结束后，我们聆听了全国著名班主任任小艾的报告，她那如诗似歌般优美的语言深深地吸引了我，吸引了在座的每一位教师，听得人们如醉如痴，忘记了时间。回来后，我一直在深思：同为教育工作者，为什么人家能走得那么远呢？是她学历高吗？可她只有高中毕业，是她工作的学校名气大吗？可她工作的北京 119 中学当时是有名的破烂学校，任小艾老师还说了个顺口溜——"119，门朝北，不出流氓出土匪。"就是工作在这样的一所学校的老师，却成了著名的教育专家，靠的是什么？从她的报告中，不难找到答案：

对班主任工作的痴迷与热爱——别人不愿当班主任，她抢着当；领导嫌她年轻，不想让她当，可她却百般求情，主动请缨，用她的话说是"贱骨头般地抢来了一个班主任"。

极富个性、追求创新的工作方法——从教学到班级工作她从不因循守旧，而是大胆求新。

对学生宽容、理解和善待——她说："哪怕学生犯 100 次错误，我们也要101 次的原谅他们。但要告诉他们不犯同样的错误，不在一个地方重复跌倒。"

富有魅力的语言风格——她说："当一个老师的语言对学生失去了魅力，是老师最大的悲哀！"

勤勉、刻苦善于积累的工作精神——她每天早出晚归，不管多累，都坚持做工作笔记。她说："机遇总是降临在有所准备的人身上。"

……

一同作报告的还有唐县一中的田祥彪老师，他以《我和我追逐的梦》为题介绍了自己的带班理念。他的代理班主任制度，他的教育博客……所有的一切，都震撼着我。从那一刻起，我才真正意识到——教师，是应该有梦的！我们可以平凡，但不能甘于平庸。我们必须有一个丰富和充盈的精神家园，才无愧于讲台下那一双双澄澈的眼睛！

"见贤思齐"之心激活了潜藏在我内心深处的求知欲望和上进意识。我下定决心，无论如何要珍惜这难得的学习机会！于是，我把握每一个机会，吮吸着知识的甘露。在筹备比赛的四个月中，我阅读了魏书生的《班主任漫谈》、丁榕老师的《探索学生心灵的事业》、高金英老师的《我和宏志班》、孙蒲远老师的《班主任之歌》等教育书籍。渐渐地，读书学习成为了我的习惯，亲近大师，与名家对话成为一种精神享受。我读朱永新的《过一种完整而幸福的教育生活》、读肖川的《教育的力量》、读吴非的《不跪着教书》、读李镇西的《做最好的老师》……阅读，让我的心变得更加专注宁静，让我的脚步更加从容坚定。

于是，在我的班级管理中，开始有了班级文化建设，开始有了系列主题班会，开始有了灵动的教育智慧。我不再日复一日地重复昨天的故事，而是不断创新自己的班主任工作，形成自己的特色。我把"和学生一同成长"作为教育理念，把"为现代社会培养优秀公民"作为教育目标，着眼于学生的终生发展。逐步探索和完善学生自主管理模式，让班级成为学生成长的精神乐园；创办家校联系小报"心灵彩虹"，指导家庭教育，为学生成长营造最佳环境；一同撰写"班级故事"，留下一部二十多万字的"青春史记"——《梦想，从这里起航》，后来由中国文史出版社编辑出版……

同时，我还养成了积累反思的习惯。在一个个静谧的夜晚，我会用键盘敲击文字，和自己的心灵对话。写下的文字也许肤浅稚嫩，但它渐渐地改变着我教育生活的行走方式。我的教育博客《在梦想和现实间行走》点击量已经超过二十万次；我主编的《渔夫阅读》由云南教育出版社出版；《作文课本》由吉林教育出版社出版；我的教育教学反思集《做反思型教师》也由中国轻工业出版社出版……

那次比赛我最终登上了特等奖的领奖台。但在我心中，荣誉和名利只是过眼云烟，感谢那段征程跋涉的岁月，那是我人生中一个新的起点。是那次参赛经历，为我打开了一个全新的教育世界！让我认识到在教育学生的同时，更应该提升自己的人生境界！在引领学生成长和成功的同时，自己也应该不断成长并走向成功！

我一直把参加 2004 年的这次班主任大赛作为我成长历程中的"关键事件"。后来类似的关键事件还有很多：2005 年我参加了河北省首届班主任素质大赛，获得了二等奖；2011 年我参加了河北省信息技术与语文学科整合优质课评选，这对于已经年过四十的我来说又是一次挑战，最终我获得了一等奖的第一名……我把每一次活动都当作一次成长的机会，经历一次，磨砺一次，提升一次，一步步实现着自我超越。我本人也先后被评为河北省优秀班主任、河北省德育先进个人、河北省语文学科名师、河北省语文骨干教师……2014 年我通过"人才引进"的方式调入北京工作。

回望自己的成长之路，我感恩这次亦苦亦甜的参赛经历。它带给我的改变与成长，已经成为一笔宝贵的精神财富，激励着我不断努力，去追寻远方更好的自己！

（作者单位：北京市海淀区育英学校）

那一年，我的人生转折点

吴小霞

　　总是站在晨曦微露的起点，回望自己走过的旅程，仿佛自己还站在曾经的出发之地，却不知道时间已扮了一个鬼脸一溜烟地跑了。

　　一如当年朱自清的《匆匆》里说的那样"没有声音，也没有影子。我不禁头涔涔而泪潸潸了。"对，去的尽管去了，来的尽管来着；去来的中间，又怎样地匆匆呢！

　　回想自己专业成长的路上，我发现 2015 年是我人生的转折点。也许人生就是这么奇妙，最关键的也就那么几步，某一个点就成为你生生顿悟的开端！

　　2015 年我生了一场大病。在自己毫无思想准备的情况下，居然病来得那么仓促战栗。

　　人往往在生病的时候，才能静静地思考自己的人生。才发现：病前，对于孩子们，我总是担心这担心那，从来都觉得他们好像永远无法让人放心，永远是离不开老师的。可生病后，我发现：当我转向幕后的时候，孩子的主动性比我想象中多得多。

　　这不得不让我思考我曾经的所有的教育方式。原来，我做过的所有的教育活动和教育技巧，都只是外围战，而真正内在亘古不变的教育原点是把孩子放在尊重慈悲的位置去看待，把长辈的身份转变为朋友的身份，把站着的样子转变成坐着的姿态，由衷的赞美永远胜过苛刻的批评，把不敢相信转化成充分信任，把不敢放手转变成放开手脚。

　　心态的安全永远胜过无意识的恐惧，大胆的放手永远胜过过度的关注！我明白了我要给孩子温暖安全的环境，给他们成长的空间和由衷的赞赏。相信他们，一定能行！只有这样，我们的教育才是真教育！

俗话说：塞翁失马，焉知非福！在生病的期间，我依然在做着自主的教育：成立了自管会，自我监督会，并发放了聘书，制定了相关的措施。没想到在没有班主任的日子里，一段完全考验自我管理才能的日子里，这样锻炼出来的能力才是真正自主的能力。

在这期间里，孩子们自己排练了节目。躺在医院病床上的我，听着孩子们告诉我：在表演的现场，他们发自肺腑地喊出了"小霞加油，逐梦雄起"的那一刻，我不禁潸然泪下，任眼泪像决堤的海，肆意泛滥！我可以想象比赛的现场，孩子们心里也是百感交集，那种内心汇聚的能量是无与伦比的！

就在我生病的期间，奇迹真的就这样发生了！孩子们真正把自己当作了自己的主人，大家召开了自主家长会，一个完全没有老师的家长会。家长们在群里激动地赞叹着：从来不知道自己的孩子这么优秀！是的，唯有相信，才能遇见。给他们一个舞台，他们会还我们无数精彩！

任何事物都是双刃剑。初二正是孩子们情感懵懂萌发的季节，在我生病期间，班级的孩子们早恋了，而且很多早恋的孩子都是班级优秀的孩子。此时，我已经没有了以前的焦灼，而是以一个感情建议者的身份出现在孩子们面前。给他们当参谋，找他们到医院来促膝谈心，当我的身份转变的时候，早恋已经不是一个问题。

等我康复回去后，我还给孩子们系统进行了"情感体验课程"：在化学实验中感悟"保持最初的心，不要轻易尝试爱"；在班级辩论中明晰"此时恋爱为时过早"；在"男神女神评选"中懂得"不断修炼自己的灵魂是人生必修课"；在"男生女生向前冲课程"中教会了"如何和异性交往"；在"经典阅读"中深化"真正的爱情是什么"；在"我和梦想谈恋爱"中升华到实现人生梦想的高度！

当我由浅入深地引导孩子们正确地看待爱，正确地学会爱、预习爱、感悟爱的时候，我发现，原来最好的教育就是"以身体之，以血验之"感同身受的浸润和体验，学生自身的理解和感悟才能转化成内在的功力。

我已深刻明白，自我觉悟是一个不断参悟、历练的过程。虽然这是一个漫长的过程，但我已经懂得坦然面对得失，从容面对一切，用牵着蜗牛去散步的心态做教育，相信每一朵花都有自己的花期，行到水穷处，坐看云起时！

2015 年，我上了很多大型的公开课。我已经不再为追求花哨浮华的表面热闹而绞尽脑汁，而是学会了用自己的感悟去塑造属于自己特色的课堂。在磨课的过程中，我不断地思考每一个细节，在寻找课堂的着力点，挖掘课堂的深度和广度上下功夫。

我非常感谢身边的朋友们，那么发自内心地帮助我，我也学会了接受大家的意见和自己的思考相结合，发现课堂的打磨需要走过几个阶段：一看山是山。当我们的课堂没有成形的时候，需要大家一起打磨，规范自己的课堂；二看山不是山。当课堂有了一定的雏形，需要有自己的特色，自己的见解。当自己处于彷徨的时候，越是迷惘，越需要坚定地相信自己。每个人都是站在自己感悟的基础上，而此时，千万不能丢了自己；三看山还是山。走过迷惘之后是清醒。当有了自己的思想意识后，一定要虚心听取意见。让自己的课堂更完善。我不再怕经历公开课那"死去活来"的辗转反侧，也开始主动迎接这一切的挑战！

当再次接受公开课任务的时候，我会主动请每一位老师给我意见，并且第二天私下找每一位老师为我提出建议。在这样的基础上，自己再主动去找一个班级上一遍。因为我知道课堂永远是一种没有完美的缺憾，任何课堂都有不完美的地方。遗憾是课堂永恒的主题，用每一堂课的精彩来激励自己，用每一处败笔来反思自己。课堂需要用一辈子的时间建设，需要用一辈子的时间去思考和实践！有了教学的遗憾，才会有超越的空间，这是我们每个教师让教学趋于成熟的不竭动力！

2015 年，我评上了中学高级教师。在经历了自己不断地整理资料的过程中，才发现了自己经历的所有麻烦都变成了人生最为宝贵的财富！原来机会总是乔装成很麻烦的样子向我们走来的。当到教委去交资料的时候，一个办事的人员说：呀，居然是八〇后呀，你是我们区最年轻的高级教师！听着身边朋友和同事的祝福声，我发现自己是生活的幸运儿，优秀是大家的，我只是幸运的。当自己看到文件的时候，我曾经也设想过自己会欣喜若狂，可真正下来的时候，才发现那只是人生的一个小小里程碑，一次次远足后上天怜爱我的一次馈赠而已。我应该感恩生活，感恩身边每一位帮助过我的人。一个网友要我传授经验，我写了这些话："真诚待人，踏实做事，做人善良，做事实在"。是的，我们无法改变环境，改变别人，但是可以做好自己，让自己内心无愧，做内心澄澈的自己，足矣！人与人就是尊重而已，谦卑地面对生活，我还需要不断修炼自己的修养和人生的涵养！

2015 年，学校承办了一次大型的班主任论坛，我代表学校承担了一个讲座和一堂班会课。那段时间是我人生的低谷。在经历着不断兼顾着自己的见解和站在大局的观念上的激烈的思想冲突和精神的矛盾。我能够理解从上至下，那不是代表我一个人，那是代表的集体，它承载了多少人的厚望！论坛最后取得了圆满的成功，媒体记者惊喜地告诉我：我们发现了一个宝！当即有几个学校的德育主任邀请我去他们学校再讲一次。

虽然后来也在电视台、报纸、华龙网等媒体报道，但我始终没有欣喜。因为我的脑海里始终盘旋着流沙河说过的话：理想如果给你带来荣誉，那只不过是它的副产品，而更多的是带来被误解的寂寥，寂寥里的欢笑，欢笑里的酸辛。于是，邀请我去讲课的学校我拒绝了。我非常真诚地告诉他们：我需要沉潜，现在这一点东西太浅了，我还需要更深入地学习！我能做的就是感恩身边的每一位给予我帮助的人！

经历了这些事情后，慢慢地，我对教育有了更为深刻的理解，因为我知道，当我们以行走的姿态漫步在教育的路上，有时候会若明若暗，有时候会豁然开朗，有时候会彷徨迷惘。不管怎么样，我们跌跌撞撞地走过来，也不慌不忙地坚持着，这一路上的经历就意味着收获。且行且惜，没有止步，新的旅程已经延伸在脚下……

（作者单位：重庆兼善中学蔡家校区）

遇见更好的自己

陈立军

"没有最好，只有更好"，人的成长过程，就是不断与更好的自己相遇的过程，作为一名教师，我的成长也不例外。

阅读——从功利走向享受，从自读走向共读

"问泉哪得清如许，为有源头活水来"。阅读，作为生命之泉，助我一路成长，也助我引领学生走进书籍的海洋，享受丰盈而美好的精神世界。

说起读书，真有点惭愧，早年读书基本限于"功利"二字。

小学初中，为考试成绩而读书；1986 年初中毕业考上益阳师范，又一心希望被保送到湖南师范大学。三年中师，学业成绩依然是我关注的重点之一。保送没成，毕业后被分配到家乡那个闭塞的破旧村小，倍感前途渺茫之际，又为自考大专而读，自考本科而读，暮鼓晨钟，寒来暑往，边工作边学习，就这样全凭自学，先后获得了自考专科和本科文凭。2008 年，凭着这股韧劲，又获得了湖南科技大学语文教育硕士学位。

现在回想起来，我的低起点决定了我必须以苦行僧般的方式在功利阅读之路上一步一步向上攀登，一步一步朝高处前行。这种阅读，不只是让我收获了功利（文凭），也让我学会了在挫折中咬牙，在困难中坚持，在打击中乐观的力量和勇气。更重要的是，渐渐地我喜欢上了阅读，阅读的享受性取代了功利性，以至于哪天没有捧着书读上一会就睡不着觉。随之而来的，就是与学生共读。

为了让学生真正爱上阅读，我和学生一起读书，一起分享阅读的喜悦，以

我的阅读带动学生阅读，以小部分学生的良好阅读习惯带动全班大部分同学热爱阅读，让孩子们涵养在书本的世界里。

在阅读氛围基本形成之后，我尝试指导学生深度阅读，开展每周一次，每次两到三人的读书报告会。让学生读进去，走出来，从阅读中吸收营养，增长智慧，涵养品德，铸炼精神。

一些孩子，一些镜头，总让我记忆犹新，难以忘怀。

景祯同学以《触摸历史余温，燃烧昆曲文化》为题作读书报告时，说"历史像一堆灰烬，但灰烬深处可能还有余温，我们的任务不是翻扒已经冷却的灰烬，而是把我们的手伸进灰烬，去触摸余温。"并表达了"触摸历史余温，燃烧昆曲文化；为了民族，坚持艺术，无论怎样，不会放弃"的心声。东维同学读《中国尊严》一书，说我们要用尊严计量民富国强。唯有对内建立人的尊严，对外追求国家的尊严，中国的发展才是可持续的和有意义的，中华民族的伟大复兴之梦才能够实现。春晓读《纳兰容若词传》，慧婷解读《悲惨世界》，刘静仪解读《窗边的小豆豆》……都让我深深地感受到，共读共成长，共读共滋养，共读让我们的生命无比美丽、丰富。

教育——从应试到人文，从技术到人心

不是每一位老师初登讲台就可以登堂入室，直抵教育的真谛。由懵懵懂懂到模模糊糊，由闪闪烁烁到心明眼亮往往需要一个过程。

就像所有拥有一定教龄的老师一样，我也走过一段灰色的应试教育之路。刚毕业那些年，教育的大环境是"考考考，老师的法宝；分分分，学生的命根"。我便将此视为教育的圭臬。起早贪黑地陪读，口若悬河地灌输，苦口婆心地劝诫，只为学生考个好分数。当在全乡小学毕业统考中我班取得了全乡第三名的佳绩时，虽然收获了领导的肯定和同事的赞许，却没有几个学生感恩我的付出。学生的"冷血"让我不得不深刻地反省自己：一年来的付出，我就为赢得这一"佳绩"么？学生从我这里除了得到好分数，还学到了什么？如果给学生的只是分数，只有成绩，那叫教育吗？所以，后来，到了初中、高中，我反而能冷静地看待为了成绩而"你方唱罢我登场"的抢时间老师，能较清醒地知道我应该教给学生什么和怎样教学生：阅读引导，审美熏陶，创新

实践。引领学生走进苍莽的阅读丛林，与贤士晤谈，与哲人对话；带领学生建构真善美"三位一体"的价值结构，亲近泥土，亲近自然，走近现实生活，走近底层百姓，日行一善，德养一生；书写创意日志，打造创意课表，策划创意生日等活动，倡导质疑精神、批判态度，培养学生的"自由之精神，独立之思想"。

帕尔默有言：真正好的教学不能降低到技术层面，真正好的教学来自于教师的自身认同与自我完善。

技术所追求的更多的是"速成"，是"外铄"，是"有用"；我不否认这些的重要性，但从事教育工作多年后，会觉得"养成""内化"和"无用"才是我们的教育所真正应该追求的东西。教师充沛的精力、高昂的热情、飞扬的神采、对教育浑然忘我的热爱所具有的感染力，教师对孩子心灵的关注，与学生心意相通所带给孩子的信心、勇气、活力等等是技术层面的内容完全无法比拟的。

有学生这样形容我：

她的优雅，她的强大，是我一直忘不了的她的独特品质。

也有学生如此给我留言：

有时，我会问自己，于我的人生中，你是什么？是照亮黑暗的蜡烛吗？是倾尽心力的春蚕吗？不，你都不是。你只是一位平凡的陪伴者，亲切而温暖，仅此而已。

是的，一位老师由内而外散发的气质、修养和能量对师生来说都是极其重要的。对学生而言，我不是蜡烛，不是春蚕，只是一位平凡的陪伴者而已，我非常喜欢陪伴者的定位，并倍感温暖和幸福。

感恩——自己的努力，贵人的相助

一路成长，常怀感恩之心，感谢自己的努力，感谢贵人的相助。

中师毕业后，我被分配到我家附近的村小，开始了我的教育教学生涯。在小学待了4年。1993年，调到初中任教。一干又是5年。1998年寒假，去益阳县一中应聘，顺利通过，于是成为了一名高中教师。2008年，顺利地成为了长沙市明德中学的一员。2013年，又很荣幸地成为了长沙市德育（班主任）

工作室的主持人。在这样一步一步地走向更好的过程中，首先我得感谢自己的努力。现在我还清楚地记得教高中的第一个三年，整天想着念着的是如何胜任高中教学，教好孩子。每天的功课就是了解学生，深入教材，阅读书本，熟悉考纲，渐渐地，也就找到了自信。高二学年结束时，按学校惯例，新老师上高三需要学生投票通过。当年，我得到了所教的两个班的孩子的认可，顺利地教了高三。最终，我以我的勤奋与努力，激情与斗志，青春和热血完成了第一届毕业班的教育教学工作。

我深知，除了自己的努力外，我成长的每一步都离不开贵人的相助。亲人，学生，同事，领导，都是我生命中的贵人。他们的认可、帮助、肯定和信任都给了我强大的动力和勇气。而有些贵人的帮助，则更是让我深深感动，时时感恩。记得主持长沙市德育（班主任）特色工作室后，因第一次主持工作室，没有经验，又才疏学浅，只好向各位名师专家请教，他们都不吝赐教。如郑学志老师，秦望老师。特别是张万祥老师，我和他素昧平生，我怀着忐忑的心情给他发了一封邮件，他即给了我莫大的支持和帮助，不管我什么时候什么事请教他，他总是有求必应。并且时常主动地发资料给我，常常为我出谋划策，指点迷津，这种无私的帮助，为我工作的顺利开展注入了强大的动力。当然，这其中也不乏另一种声音，即对你的怀疑与轻视，对你的鄙夷与不屑。我也十分感谢他们，是他们让我对自己有清醒的认识，同时也激励自己愤发图强。记得第一次教高三时，曾有学生拿满满的一页注音题要我做，来考我，我傻傻地做了，同时也告诫自己任何时候都不能让学生小瞧；记得曾有同事当着我的面说，"你那些个文凭全是水货，不像我，正儿八经的湖南师范大学全日制本科毕业生。"当年，我并没有一笑而过的襟怀和气度，难过中也清楚同事所说都是事实，但也明白，入了这个林的笨鸟只有先飞勤飞才能赶上趟，这也促成了我的潜心苦读与钻研。

"没有最好，只有更好"，未来的日子里，期望还能遇见更好的自己。

（作者单位：湖南省长沙市明德中学）

努力请从今日始

吴小明

我一向是一个后知后觉的人，心理年龄的增长总是跟不上生理年龄的脚步。别人的青春在四十岁已经落下帷幕，已经是"满园春色关不住"了；而我的青春在四十岁才拉开序幕，才刚刚是"小荷才露尖尖角"。我的青春从四十岁开始，我的成长也可以四十岁为界，划分为两个阶段：四十岁前的不思进取和四十岁后的奋起直追。

四十岁前：胸无大志，平淡无奇

我出身于一个普普通通的家庭。我的父亲是工人阶级的一分子，母亲是亿万农民中的一员。父母都是老实本分的人，性格内向，思想传统。我所有的高考志愿都是师范院校，因为父亲认为教师是"铁饭碗"。又因为父亲觉得语文老师太辛苦，就给我填了历史专业。于是毕业后，我就稀里糊涂地成了一名中学历史教师。

我遗传了父母内向的一面，不善言辞，沉默寡言，而父母的包办代替也让我失去了很多宝贵的锻炼机会。所以，我做决定时常常会缺乏主见，优柔寡断，我面对复杂的人际关系常常感到无所适从。当然，我也继承了父母的优秀基因：文静、诚实、善良，以及我后来才发现的，面对挑战时，强大到令我自己都感到惊讶的潜力与韧性。

参加工作后，我的心理年龄仍然停留在大学时代。我没有一般年轻人的雄心壮志，不想成名成家，更没有当领导的念头。我就想把书教好，并不是为了出人头地，只是为了对得起自己的良心。我不会在领导面前刻意地表现自己，更不会溜须拍马，请客送礼。我甚至看到领导都绕道走。我可能有"社交恐惧症"，我陷入了恶性循环的怪圈：越不擅长社交就越怕社交，越怕社交就越不擅长社交。我四十岁以前的工作状况可以用平淡无奇来概括，教书不好也不坏，班主任工作不突出也不差劲。这样吞温水般的日子一过就是十几年，当我自己都已经觉得厌倦，都快忘了自己是谁的时候，我的生命中却迎来了一个贵人，一个足以影响我一生的贵人，他让我抓住了一次机遇，一个足以改变我一生的机遇。

四十岁后：贵人相助，抓住机遇

与张万祥老师相识、相知到拜其为师父，纯属偶然却又充满惊喜。

在评上高级职称后，我产生了"船到码头车到站"的思想，看到身边的同龄人一个个停止了前进的步伐，我也步入了专业成长的"高原期"，整天无所事事，行尸走肉般地混日子。直到有一天，我读到了一本好书——《致青年班主任》，该书的作者就是大名鼎鼎的张万祥老师，他是著名的德育特级教师，也是班主任工作方面的权威。但当我怀着崇敬的心情，认真拜读大作后，却发现了书稿中微不足道的两处小错误。犹豫再三，我还是怀着忐忑的心情向张老发了个邮件，指出了那两处错误，没想到他很虚心地接受了，还热情地夸赞了我。此后，张老又提供了他主编的"班主任百篇千字文系列"撰稿的机会。对于德育方面的难题，他总是在第一时间给我以耐心细致的指导，每每让我产生一种高人指点后豁然开朗的感觉。当我想偷懒的时候，眼前总会浮现出张老那慈祥的面容，耳边总会回响起张老那激励的话语："请一定不要停下前进的步伐，不要掩埋自己的才华，期盼见到你更大的辉煌。"于是我又捧起了书，拿起了笔，迈开了腿。我开始大量阅读有关班主任工作方面的书籍，我开始向杂志投稿，我开始陆续有作品发表，我开始突然觉得自己浪费了大量的美好光阴，我开始突然觉得自己有做不完的事情，我用理论指导实践，我在实践中检验理论。我在忙忙碌碌中乐此不疲，我对很多问题有了新的看法。

比如有一件小事，对我触动很深，改变了我对"问题生"的看法。

那是一个冬天，我们班买了一个很漂亮的水壶，被亲切地称为"黄衣少女"。但在撕去壶身上的标签时，却留下了一大块污渍，就在我多种方法清洗无效、几乎快要放弃的时候，一个叫小帆的女生，用护手霜涂在污渍上，轻轻一抹，就解决了难题。

这件事给了我灵感，那水壶上的污渍不就是学生身上的缺点吗？当我们自认为用尽了所有的方法，学生却始终无法克服自身的缺点，反反复复犯相同错误的时候，我们是否还能坚信"方法总比困难多"，再顽固的污渍也能被清除？我们是否有向学生求教的勇气，借助其他学生的力量帮我们做工作？我们是不是习惯于把责任全部推到学生身上，责怪学生不懂事、态度不端正、意志不坚强？我们是不是很少反求诸己？要知道错误的方法不仅不能帮助学生去除缺点，还可能使学生心灵上的污渍面积扩大，程度加深。或者得不偿失，在去除了表面小块污渍的同时，却在学生的心灵上留下了永远无法愈合的创伤。而正确的方法或许只需要轻轻抹上膏体，当膏体渗透到污渍的最深处，我们只需要耐心地等待，等顽固的污渍分子被温柔的膏体分解于无形，然后轻轻地一抹，污渍就无影无踪了。每一个屡教不改的"问题学生"，原本都是一个纯洁无瑕的"黄衣少女"，当我们决定帮她擦掉污渍的时候，一定要先找到真正属于她的那支"护手霜"。

忽然想到，从某种程度上讲，我自己也是一个"问题学生"，属于我的那支"护手霜"又在哪里呢？

当我处在不断发现的喜悦中时，另一个机遇也正悄悄地、一步步向我走来。

这个机遇就是"江苏省班主任基本功大赛"。对于一名70后的大龄青年，报名参赛并不是一个很容易做出的决定。虽然自己有十几年的班主任工作实践经验，平时也喜欢搞搞研究，写写文章，在《班主任》《班主任之友》等期刊发表了一些文章。但毕竟高级职称已经到手，已经慢慢步入职业生涯的高原期，有一种油然而生的职业倦怠感。如果一旦失败了，周围人会怎么看，会不会笑话我呢？况且，自己的学生都已经当老师了，如果跟自己以前的学生同场竞技——赢了固然应该，败了颜面何存？思虑再三，我还是以破釜沉舟的勇气报了名，从此走上了一条艰辛的备战参赛之路。

为了解决备赛时间仓促的问题，我与学生一起上早读，朗读教育理论书籍；为了克服普通话不标准的毛病，我请学生在课堂上记录下我所有不标准的发音，课后再一遍遍地纠正；为了锻炼自己的创新思维，我不再满足于墨守成规，而是请学生一起帮我想办法，出点子……

张万祥老师一直很关注我，不仅在专业上指导我，更在精神上鼓舞我。我知道最大的对手是我自己，我必须在心理上战胜自己。熟悉我的人都知道，我其实是一个很内向、很低调的人。这种性格对面试很不利，毕竟面试占了60%的分值，于是在培训期间，我努力使自己的胆子变大一些，脸皮变"厚"一些，模拟环节积极表现，讨论环节主动发言，经过一段时间的努力，面对陌生评委从容了很多，自信心也有了很大的提高。我们都知道"罗森塔尔效应"，它可以提高学生的自信心。但我们可能没想到，当我把它运用到自己身上时，也能激发出极大的潜力。

虽然在镇江地区一路过关斩将，但省赛才是真正的考验。同住一室的选手用如雷般美妙的鼾声欢迎了我的到来，第二天我也只能强忍着几乎一夜未眠的疲倦去参加笔试了。如果不是精神高度紧张，我差一点在考场上睡着了。更加悲催的是，教育故事演讲我抽到了3号签，这意味着笔试后来不及喘口气，就要进入面试环节。而且2号签是一个省演讲比赛获奖的"牛人"，这让我感到"压力山大"，但最终我还是顶住压力，发挥出了正常水平。颁奖时，当听到一等奖名单中，第一个出现自己的名字时，终于感到所有的付出和努力都得到了回报，体会到了战胜心魔的快感。

参赛归来，更多的机遇向我敞开了大门，而我也在"马太效应"中品尝着不断成长的喜悦。

一个人生理的成长在成人后就停止了，但心理的成长却伴其一生。从这个意义上来说，一个人的成长史就是心理的成长史。虽然我虚度了四十年的光阴，但只要我心不老，梦还在，我就一定能够继续成长！蠢笨如我，尚能再创辉煌，青年朋友们，你还怕什么，你还等什么呢?

努力请从今日始！

（作者单位：江苏省丹阳市第六中学）

一路走来，从天寒地冻到春暖花开

徐晓彤

我的班主任之路，像一次穿越四季的旅行，经历过天寒地冻的严冬，最终定格于春暖花开。春天万物复苏、莺歌燕舞，承载了多少希望和憧憬，而走进了班主任，沉醉在讲台，倾心于班级，就像走进了春天，一路走来，春暖花开。

天寒地冻——从排斥厌恶到走投无路

不知道为什么，我的骨子里对教师这个职业有着天然的排斥和厌恶，但是命运总是和人开玩笑，由于高考失利，我无奈地上了师范院校，毕业后无奈地进了一所国办高中。

我本想既然被分配到那里，就好好努力，做出点成绩，彰显自己的人生价值，结果是理想很丰满，现实很骨感。一年以后，我毅然决然地放弃了编制，我以为凭我的能力，绝对可以在教师以外的其他行业如鱼得水、风生水起。

之后，我做过美容师、直销公司培训讲师、开过饰品店……结果却到处碰壁，走投无路。

后来我带着更多的无奈到了一所私立小学——授田英才学园。巨大的心理落差、走投无路之后再次无奈的选择，我的心里更多的是痛苦与失落、挣扎与焦虑、无助与迷茫……

到授田的第二年，我开始担任班主任。那时候，我真的是处于水深火热之中。我给自己那一年的班主任工作总结了三句话：师生关系——你是老鼠，我是猫；家校关系——你是鬼子，我是八路；我自己——身心疲惫，远离健康。

恰逢学校组织体检，我的那份报告上清楚地写着：乳腺增生。还没结婚的我放声大哭。

那时，我的世界冰冷无比，我感到自己每天置身于严冬，找不到温暖，找不到明媚。

遇见转机——从迷茫痛苦走向快乐幸福

本以为我的世界就这样暗无天日，天寒地冻，但是后来事情发生了转折，我的人生开始出现转机。

那个冬天，学校派我到淄博周村参加班主任培训，哪知这一次培训竟是改变我人生轨迹最重要的一次机缘。

那是全国班主任成长研究会组织承办的培训，我因此认识了郑立平老师，并有幸成为郑老师的徒弟。

从此，我便踏上了跟随师傅，虔诚"修行"的道路。

郑老师常说："在学习这件事上，原则上谁受益，谁出钱。"于是，我从最初的拒绝外出学习到主动申请学习，那一年我跟随师傅外出学习十几次，其中有很多次都是自费的。

郑老师推荐我加入他创建的全国班主任成长研究会，全国各地的教育精英汇集在这里，大家在群里交流研讨、视频讲座、每日分享，我的困惑能在这里找到答案，我的压力能在这里得到释放，我的消极能在这里被磨灭。于是，我常常趴在网上，盯着 QQ 群，每天在里面讨论交流。

郑老师对我说："不要总在群里瞎咋呼，要静下心来，阅读写作。"为了让我阅读，郑老师把他自己写的书送给了我。师傅的话让我汗颜，于是我硬着头皮开始读书。

郑老师的《把班级还给学生》是我的班主任工作启蒙读本，后来的《优秀教师成长之道》《用故事说话》……都成了我必需的营养。这些书打开了我阅读的天窗，从此，我开始走上了阅读之路。

就这样，我不断发生着变化：师生关系变得和谐了，家校关系实现共赢了，自己健康阳光起来，原来想都不敢想的一些荣誉竟然也纷至沓来，而这一切真的要感谢成长中的贵人——郑立平老师。

春暖花开——从孤独行走到建设团队

随着我的不断成长，大家发现我成了"另类"，我似乎感受到了某种孤独。后来，一次偶然的机会，再次改变了我行走的状态。

那一天，学校的冯姗姗老师向我"取经"，我便向她推荐了全国班主任成长研究会。加入之后没两天，冯老师又来找我："晓彤，群里都是高手，我只能听只能看，不敢参与活动不敢发言。要不你建个学校的班主任研究会吧，我们自己组织研讨。"就这样，授田心语班主任成长研究会成立了。

授田心语借鉴全国班主任成长研究会的操作方式，采取网络交流的方式开展活动，确定每日茶馆分享、每周话题研讨、共读共写、视频讲座四项工作内容。

然后我们的活动就按部就班地开展，从来没有间断过。

后来，工作室不断扩大影响，得到了区教育局领导的重视，于是在郑老师的帮助下，工作室升级为郑立平授田心语工作室，成员激增到九十多人。

授田心语帮助很多老师改变了行走方式，他们常说："感谢晓彤成立了这个家园，让我们找到了精神的栖息地。"

张雯荔老师说："今年最大的幸福就是加入了心语，所有的一切都从这里开始，第一次投稿，第一次利用QQ向大家讲述我的故事，第一次感受到在学校还有这么多志趣相投的人，能够借助这个平台走到一起是多么的幸运。"

当初提议成立工作室的冯姗姗老师更是受益者。参加了心语，冯老师利用晚上时间和大家交流学习，哄了孩子睡下，冯老师再爬起来写心得写随笔，只要有外出学习的机会，冯老师总是第一个报名参加，哪怕自费。

就这样我们行走在共同成长的道路上，我不只收获了幸福，还有成就，还有温暖。

班主任是一本书，有人不屑一顾，有人走马观花，有人精品细读；班主任是一片海，有人听到惊涛，有人品到苦涩，有人赏到花环；班主任是一个季节，有人身受严寒，有人置身酷热，有人享受春暖。班主任是什么，其实自己说了算。

（作者单位：山东省潍坊（上海）新纪元学校）

教育叙事研究，助我专业化成长

孙有新

2014 年 10 月，我有幸代表温州市参加浙江省中小学班主任基本功大赛，获得了高中组一等奖的第一名。比赛包括笔试、教育故事演讲和模拟情境答辩三个环节，我的强项就在于教育故事演讲和模拟情境答辩。这次获得省一等奖有很大的偶然性，如果说偶然中带有必然的话，那应该归功于我多年的教育叙事研究，它使我积累了很多的教育故事，为这次班主任基本功大赛的教育故事演讲和处理模拟情境问题奠定了坚实的基础。

曾几何时，"教育科研"于我而言还是可望而不可即，我总以为教育科研是大学教授和教育科研人员的事，总以为我们这些普通教师没有能力从事教育科研。一次偶然的机会，我接触到了教育叙事研究，改变了对教育科研的看法，原来教育科研可以如此接地气，如此美丽！

一则启事，开启我的教育叙事研究之路

2004 年的一天，我在教育在线班主任论坛上看到《朱永新成功保险公司开业启事》的帖子。

好消息！朱永新成功保险公司今天正式开业了！

本公司宗旨：确保客户利益，激励客户成功。

参保对象：不限。但尤其欢迎教育界人士，因为教育的成功是中华民族伟大复兴的基石。

投保金额：不限。从数元至数千元任您自选。欢迎万元以上大客户。

保期：十年。

投保条件：每日三省自身，写千字文一篇。一天所见、所闻、所读、所思，无不可入文。十年后持 3 650 篇千字文（计三百六十万字）来本公司。

理赔办法：如投保方自感十年后未能跻身成功者之列，本公司以一赔百。即现投万元者可成百万富翁（或富婆）。

本公司只求客户成功，不以赢利为目的。所有利润将全部捐赠希望工程。

欢迎投保，欢迎垂询！

保单索取：webmaster@ eduol. com. cn

朱永新成功保险公司

2002 年 6 月 22 日

受这个帖子的诱惑，我也加入写千字文的行列，不过我不敢投保。刚开始感觉没有什么内容写，有时一天只能写一段话，都成不了一篇文章。就这样，从鸡毛蒜皮的事开始记起，慢慢地，一个星期能写一篇相对比较完整的文章。慢慢地，从只会"流水账"似的记录自己日常的教育生活，到后来在工作日记中有意识地对自己的教育行为进行反思。华东师大叶澜教授曾经说过："一个教师写一辈子教案难以成为名师，但如果写三年反思则有可能成为名师。"对成功的渴望，促使我不断反思。

一段经历，坚定我的教育叙事研究之路

记得有一次全国著名班主任李镇西老师在班主任论坛上发表了一个关于诚信教育的帖子，我觉得李老师对学生进行诚信教育的方法很好，就借鉴他的方法在我的班级一用。我们班的诚信教育故事如期展开，却又"节外生枝"。"现实利益与诚信发生冲突时，该怎么办?"一石激起千层浪，学生们展开了激烈的讨论，讨论演变成了辩论会。随着讨论的深入，我萌发了创建"无人监考试场"的想法。随后，我发动学生们一起起草《创建"无人监考试场"的申请书》和《做"诚信考生"的倡议书》。以上的点点滴滴都被我记录在班

主任工作日记里，并上传到论坛上，得到了网友们的关注和赞赏。

那次期中考试的第三场考试，在巡视过程中，我发现有一个学生作弊，就悄悄地没收了他夹带的资料，之后我陷入了纠结之中。当晚，我在写班主任工作日记时，对白天发生的事情进行了深入的辩论式的反思。

"有人作弊，还叫什么'无人监考试场'？"

"学校领导和别的老师没有发现作弊，你不说，他们肯定不知道。再坚持一天半的时间，你们班创建'无人监考试场'的活动就圆满成功了。"

"一定要撤销'无人监考试场'！"

"绝对不能撤销！撤销'无人监考试场'，你是要倒大霉的！你忘了你已经因此倒过两次霉了吗？"

"倒霉没有关系，做人不能丢掉本分，不能丢掉诚信。已经发现有学生作弊了，还不主动撤销'无人监考试场'，你还搞什么诚信教育？你苦口婆心地对学生进行诚信教育，如果你不主动撤销'无人监考试场'，你就是最虚伪的！你就是最不讲诚信的！你就没有资格在学生面前谈诚信！你就不配做一名人民教师！以后学生就不会听你的话，就不会相信你的话。"

……

在思想斗争中，我突然领悟到了"失败也是一种教育契机"，主动向学校领导提出撤销"无人监考试场"，决定将"诚信"进行到底。我认为，这也是对学生的诚信教育。我并没有以创建"无人监考试场"的失败为耻，而是把这次失败作为活生生的教材，进一步对学生进行诚信教育。最令人感到意外的是，我们班勇敢地写了一封致全校师生的公开信，分发到各个班级，坦承我们班创建"无人监考试场"失败的事实，并主动承担起责任。《致全校师生的公开信》就是要敢于直面自己的失败，承认自己的错误，给学生一种心灵上的震撼。之后的主题班会更是震撼人心。在那次主题班会上，一些学生主动承认自己在期中考试中作弊，并进行了反省。这种学生发自内心的分享，对学生本人来说是一次深刻的自我教育，也使他们的同伴受到了深刻的教育，这比老师在讲台上枯燥地说教要有效得多。班会快要结束时，富有正义感的周美娟同学走到讲台前，对大家说："前段时间，在校园里，我曾听见别班的同学在议论我们班，他们不是说我们班怎么样，而是说我们班的班主任，说我们的班主任是'疯子'。同学们，创建'诚信试场'失败是我们的责任，但班主任却要让别人说闲话……同学们，我们应该向班主任说声'对不起！'"随后，全体学生起立，向我鞠躬，齐声喊："孙老师，对不起！"那一刻，我感觉学生们突然长大了……

这一切也都被我记录了下来。一篇篇日记组成了一篇长篇教育叙事，我给它取了一个题目，叫《将"诚信"进行到底》。带着研究的眼光重读那些日记，我对教育活动有了新的认识：我们班主任组织活动，不要害怕失败。其实失败也是一种教育资源，失败对学生也是一种教育，也许这种教育对学生心灵的震撼更大。我想，生活中处处是教育，时时是教育，生活中不是缺少教育资源，而是缺少发现教育机会的眼睛。

回顾这段经历，我非常感谢教育叙事研究，是教育叙事研究促使我对失败的活动进行了深度的"解读"，找到了新的教育契机，"反败为胜"。前不久，跟当年那个班级的一位学生进行微信交流时，她说："老师，想起以前真的谢谢你，教会了我人生中最难忘的一课——诚实！依然记得那年的无人监考，从那以后，秉承教诲，一路走来无愧于心！"

尝到了教育叙事研究给我的班主任工作带来的甜头后，我更加执着于教育叙事研究。一次次的教育叙事研究，使我养成了遇到问题不急躁，静下心来冷静思考的习惯。2015年的一天，我在班主任信箱里收到一封严厉抨击我的匿名信，我很生气。在写班主任工作日记时，我慢慢冷静下来，理性地思考解决问题的方法，最后我决定将匿名信公之于众，非但没有责怪写匿名信的学生，还夸奖该学生有勇气，在乎我，关心我。我的这一"出人意料"的举动并没有降低我在学生们心目中的威信，反而赢得了学生们对我的信任和支持，有两位学生也以匿名信的方式声援我，鼓励我。一个多月后，写匿名信的学生主动在周记中向我承认了信是他写的，并向我道歉。这个结局让我深感意外。我想，如果我没有从事教育叙事研究，事情不可能如此峰回路转。

像这样的例子还有好多。这些年的教育叙事研究让我收获颇丰，我已经积累了200多万字的班主任工作日记，教育叙事作品时有获奖、发表。更重要的是，教育叙事研究使我在班主任专业化成长的道路上越走越远，2012年我被评为温州市首届骨干班主任，2013 年被评为温州市名班主任，2014 年成为浙江省班主任工作室领衔人。

（作者单位：浙江省瑞安市第五中学）

几次遇见，触动了我上进的人生

张仙娜

人一生中都会有几个刻骨铭心的日子，而在工作上能让自己刻骨铭心的日子却不多。我有幸有一个这样的日子，那就是 2011 年 3 月 26 日。

那一天，我遇见了余国良老师。

那日之前，我虽已做过八年班主任，但我对带班仍是恐惧和推诿的。

害怕当班主任不等于不想评职称。为了评职称，我也在创造条件，在同事的推荐下参与了河南商丘侯银海老师申报的课题"中职教育学生厌学与流失研究"，这是我第一次做课题，很敬业，侯老师对我的表现很满意。

后来，侯老师介绍我参加郑州的一个高峰论坛，我当时是半推半就去的。因为我对这样的会议没抱多少期望。

意料之外，白天课程的实用让我对晚上的专场多了几分期待。晚上是浙江的余国良老师讲课，我在课题的参考书目上见过他的名字。那天晚上朋友早早接我去她家借宿，我说会议没开始就离开不礼貌。等会儿听听要是没啥意思再悄悄地离开。

哪知道，那晚的精彩轰动了全场，余老师讲课神采飞扬，激情涌动。对教育的灵感如山泉般迸发，对教育的做法如大山般稳健，教育的招数精妙绝伦，教育的效果柳暗花明……听过余老师讲课，我想怎么形容都不为过，现在只觉词穷。那一晚，我才知道了原来教育竟然还可以这样做。可怜我从教十多年，竟然不知道教育还有幸福的、智慧的一面，蓦然回首猛觉荒废了太久太久。

朋友催了好多次，我都舍不得离开，直到讲座结束。朋友怪我了一路，我却找不到理由生气。

那天晚上，我翻来覆去睡不着觉，脑子里涌现了很多想法，第一次迫切地想拥有一个属于自己的班级，把自己的想法在学生中尝试。也就是这一晚，我第一次有了"心潮澎湃"。

第二天午饭前，侯老师说，他和余老师受邀去几个学校做讲座，吃过饭就离开。我脑子里闪现了余老师"深夜送学生上火车，买水果给学生送行"的场景。想到侯老师给我提供了这么好的听课机会，我也想买点什么给他们在路上吃。因为对那一块儿不熟悉，中午时间又短，我转了几道街才找了一家水果店，买了最贵的苹果，又买了一兜面包。没顾上吃饭就匆忙赶回，只怕侯老师他们已经离去。还好，一切还来得及，我把东西交给了侯老师，就去会场了。

刚坐稳，侯老师打电话说余老师想见我。我很意外也很激动，顾不上羞怯，跑着就去了。在余老师的房间里，余老师送给我一本书《爱与智慧——中职学生教育密码》，书名太熟悉了。颤抖着手翻开扉页，看到一行字"张仙娜惠存"，他还不知道我的名字怎么写。我紧紧地抱在胸前，唯恐书被抢走。脑子里一片空白，根本不知道余老师说了什么。过了一会儿，他把送我的书要走翻到了某一页，给我讲书是怎么写的，我当时怕极了，唯恐他忘记把书还我。还好，很快就把书给我了，我悄悄地松了口气，更紧地把书抱在了胸前。

抑制不住乱撞的心回到了会场，一下午不知道讲了什么，教育灵感不断地在我的脑海中迸发。

回去之后，我在内心有了想法和追求，想成为余老师那样的人，却没有想过和余老师联系。4月底，侯老师组织浙江五洲行考察学习，还要到余老师（当时是学校副书记）的学校去，问我去不去。一听价钱两千多，相当于我一个半月的工资，我毫不犹豫地回复不去。他不想让我错过这个机会，让我和老公商量一下，没想到老公竟然同意了。就这样，我又一次见到了余老师。

余老师让我把他刚写的几篇文章修改一下，离开浙江前给他。那几天，白天参观，晚上交流，还有文章要修改，每天都是零点以后睡觉，早上6点前起床。当我把改得花花绿绿的文章交给余老师时，他的眼睛亮了。接下来，在课题组汇报时，他点名让我当主持人，并对我欣赏有加，还鼓励说我会是一个优秀的讲师。我又一次对自己的人生有了点儿躁动和不甘。

后来听余老师说，第一次在郑州的短暂交流，他就认定我对教育有悟性。

改文章只是对我的一次考验，在他的意料之中，我顺利地通过。从此荣幸地成为了余老师的徒弟。

在五洲行结束时，还没有和余老师告别，我就在洗手间哭得鼻涕一把泪一把的。我知道，是余老师在学生毕业前对学生说的"在你高兴无人分享时，在你伤心无人诉说时，我一直在等你"；余老师学校组织的精彩活动并装订成册；余老师对学生干部的培训及孩子们的精干；余老师为了写书用皮带把自己绑在凳子上的刻苦……这一切的一切对我产生了巨大的魔力。

回家后，和余老师的联系多了起来，我也把自己的点滴做法梳理出来给师傅看。我的梳理加上师傅对我的指导给我创造了多次外出交流的机会。

在余老师和侯老师的影响下，2011年暑假我第一次申请当了班主任。这一次，我早早就开始了对班级的规划，早早就进行开学准备。我能经常站在学生的立场上考虑问题了，工作之余也能把自己的做法进行深刻的整理和反思，还经常在网上和大家交流自己的做法。

再后来，我结识了更多的职教精英和教育名家。广州的李涛老师征集模拟公司课题研究合作伙伴，在李老师的指导下，我尝试着把模拟公司管理用在班级管理上。把班级建设成公司，帮助学生了解企业构成，并把企业生产目标转换成班级奋斗目标；把公司文化注入班级文化中，学生对班级产生了深厚的归属感；把公司组织结构用于学生职务设置，做到了人人有事干，事事有人干；把员工升职模拟到学生成长中，学生积极进取，时刻牢记个人规划；把公司管理运用到班级管理中，学生规则意识好，集体观念强。班级面貌出现了很大的改观。我还把模拟公司管理在学校推广，很多班级都受益匪浅。带领团队做的课题《模拟公司制项目管理模式下中职班级管理的专项研究》，还获得了河南省一等奖。

郑学志老师也把我带进了自主教育研讨群，让我有机会把模拟公司管理和自主管理融合在一起。通过自主管理的介入，我和孩子们都知道了：模拟公司是有形管理，自主管理是无形管理，是班级管理的又一次升华。我不能错过整理资料和提升的机会，又一次带领团队做了课题《自主管理在中职班级管理中的研究》，获得了郑州市二等奖。

2014年9月，在武汉举行的自主教育年会上，我第一次见到了和蔼可亲的张万祥老师。张老的慈祥让我对零距离和亲和力有了更深的理解。一面之交的张老师经常给我发短信，鼓励我读书、写作。张老师对我的肯定是我坚持下去的巨大动力。为了让自己不懈怠，我在网上结识了一帮热爱职教的老师，组建了读书研讨群，每周把自己的读书心得在群里交流，也把自己的困惑说出来和大家共同出谋划策。当时正值我中途接了二年级的市场营销班，学生嚣张跋扈，喜欢瞒天过海，擅长作假扯皮，纪律上以打擦边球为荣，把不学习玩游戏当作正事，屡教屡犯、顽固不化。网络学习共同体让我对这些行为和网上交友、离家出走以及突发事件的处理有了自己的思路和技巧。这段经历是我班主任艺术的一次大跨越。

就这样，在同仁们的陪伴下，各位前辈的关照和鼓励下，我一直在坚持着。对教育也有了系统的思考和一整套适合自己性格的做法，并在学生中一次又一次的验证。这些年我充实而又忙碌的度过，收获了很多。不经意中还获得了巩义市名师、郑州市学科带头人、河南省名师等称号。高级职称也以学校第一名的积分顺利通过。

这就是我，一个毕业时懵懵懂懂，没有目标的小女子的简单经历。几次"遇见"的经历，触动了我上进的人生，感受到了教育的幸福。孩子们也从耻于说自己是职校生到逐渐绽开的笑脸，他们也感受到了自己的价值和幸福。

希望我的经历能帮助大家感受到身边的点点触动，只有触动才能有梳理和探索的欲望，点滴成功和加入班主任共同体才能让自己坚持下去，长期坚持教育梦想定能让自己的教育之树长青，教育之花盛开。

（作者单位：河南省巩义市第一中等专业学校）